SHODENSHA
SHINSHO

日本の崩壊

御厨 貴
本村凌二

祥伝社新書

はじめに——大日本帝国の崩壊と御文庫《おぶんこ》附属庫

御厨　貴

明治一五〇年（二〇一八年は明治元年から満一五〇年にあたる）のなかで、日本という「国家の崩壊」を否応《いやおう》なく感じさせるのは、一九四五年八月の「聖断《せいだん》下る」敗戦の決定であろう。戦後七〇年を迎えた二〇一五年夏、宮内庁は、昭和天皇が「聖断」を下した皇居内の御文庫附属庫の現況を、写真（13ページ）や映像で公開した。

それらを見ると、会議室の床は腐蝕して抜け落ち、壁の化粧板も物の見事に剝《は》がれ落ちて無残と言うほかない。重厚であったろう緑色に塗《ぬ》り込められていたはずの鉄扉《てっぴ》は赤錆《あかさび》の色濃く、爆風にも耐えられるよう厚さ三〇センチメートルに造られたというのが、信じ難《がた》いほどだ。

「夏草や兵《つわもの》どもが夢の跡《あと》」（松尾芭蕉《まつおばしょう》）という句が咄嗟《とっさ》に浮かんだが、すぐに、それすらも虚《むな》しいと思う感情が湧《わ》き起こった。そもそも、この地下防空壕に、兵どもの栄光はもうなかった。東京大空襲による火災を免《まぬか》れるために、天皇の権力の館《やかた》が追い込まれていった最後の砦《とりで》が、御文庫附属庫だったのだから。

すでに二カ月あまり前、同じく皇居内にある枢密院会議《すうみついんかいぎ》もここに避難していた。徐々に、通常の政策決定の組織やシステムが機能不全を起こしていく。もはや裸《はだか》になった最高戦争指導会議や御前会議《ごぜんかいぎ》、閣議に集まってくる国務大臣たち。剝《む》き出しになった権力の館のなかで蠢《うごめ》く権力者たちの声が聞こえてくるようだ。

大臣といっても、もう支えるものは何もない。「聖断」をめぐる会議室での攻防は、もはや大日本帝国の崩壊をソフトランディングさせるか、ハードランディングさせるかの違いでしかなかった。

いずれにしても、会議室で交《か》わされる言葉は、将来を見通した実体語ではない。その後の日本の統治のあり方でさえ、明確ではなかったのだから。その意味では、権力者たちは戦争継続を口にしたほうが、どんなにか楽であったろう。そして、大日本帝国憲法すら機能不全を起こした状況で、敗戦という「聖断」を下した昭和天皇の思いも、またいかばかりであったか。

戦後、昭和天皇は、「国家の崩壊」劇をみずから演じた御文庫附属庫を、二度と顧《かえり》みることはなかった。修繕・保全をも許さなかった。それは、あってはならぬ権力の館の姿だったからである。おそらく、昭和天皇の大日本帝国は、不本意な形で御文庫附属庫における二度（一九四五年八月十・十四日）の「聖断」により、終わったのであろう。

それでもなお、「国家の崩壊」の記憶は、昭和天皇の脳裏にずっと焼きついていたはずだ。戦後、あれだけ何度も戦争への道を臣下に記憶をたどって話されていたのだから。

しかし、今や昭和は遠くに去り、平成も三〇年で幕《まく》を下ろしつつある。われわれは戦後七〇年を過ぎた今だからこそ、あの「国家の崩壊」を象徴する権力の館に思いを馳《は》せるべきではないのか――。

その証《あかし》として、宮内庁は御文庫附属庫の復元・保全を積極的に進めるべきと考える。

二〇一八年六月

目次

第二章

ポピュリズム

第三章

政治と派閥

第四章

安全保障

第五章 国力

付記　引用文は読みやすさを考慮してふりがなを加除し、行を調節した（著者）。

本文デザイン
盛川和洋

編集協力
プロースト
佐々木重之

写真出所　※数字は掲載ページ
朝日新聞社（13、27下段、103下段右）
アフロ（55）
国立国会図書館（103上段・下段左）
時事通信フォト（27上段、103下段中）
ＰＰＳ通信社（157、201）

序章　国家が崩壊する時

昭和天皇が終戦の「聖断」を下した、皇居内の御文庫附属庫の会議室。
2015年8月、宮内庁が公開

三・一一で問われた、国家の本質——御厨

本書は、ローマ史の大家・本村凌二先生とともに「日本の崩壊」を議論するものです。私の発題を本村先生に受けていただき、おもにローマ帝国に見る国家興隆の条件、衰亡の要因の検証、そこから得られる教訓を加えながら論を深めていきます。もちろん、本村先生は古代ローマだけでなく、近代および現代のヨーロッパの諸事情にも精通されており、「ローマの二二〇〇年の歴史には、現代の国家経営にも通じる、さまざまなモデルケースが秘められている」と述べられています。

まず、基本的な問題から始めましょう。国家とは何か——。

中学校の「公民」教科書には、「領土・国民・主権」が国家を成り立たせる三要素、とあります。しかし、「国家の存続」を考えるならば、この三要素に「国民に対しての安全と安心の保障」を加えなければなりません。

現在でも、世界には国民の安全・安心をないがしろにする国家が存在しますが、日本においても、安全・安心をないがしろにしないと言えるのは、太平洋戦争（一九四一～一九四五年）敗戦後に限定されます。戦前の日本が、国民に安全・安心を保障する国家だった

とは言い難《がた》いからです。

私は戦後生まれ（一九五一年）なので、先の大戦での国家の崩壊は経験していません。日本という国家と向き合い、「国家とは何か」と突き詰めて考えることがなかったのです。その私が国家とは何かを考える大きな契機となったのは「三・一一」、すなわち二〇一一年三月十一日に起きた東日本大震災です。

日本は平成になってから、北海道南西沖地震（一九九三年）、阪神《はんしん》・淡路《あわじ》大震災（一九九五年）、新潟県中越《ちゅうえつ》地震（二〇〇四年）、東日本大震災、熊本地震（二〇一六年）と、相次いで巨大な震災に見舞われました。東日本大震災では、東北の地が大津波に削《けず》られて押し流されました。一瞬にして無数の命が津波に飲まれ、その数はいまだ行方不明の方々を含め、二万人を超えると言われています。

当時、テレビに映し出される惨害に、これは「壊《こわ》れゆく国土」ではないかと、私は戦慄《せんりつ》を覚えました。と同時に、東北という一《いち》地域だけではなく、国家というものの崩壊をはじめて意識したのです。

また、大津波は福島第一原子力発電所（原発）の大事故も引き起こし、ここでも「壊れゆく国土」を目《ま》のあたりにしました。日本の原発の安全神話が空中楼閣《ろうかく》であり、この国を壊滅させる力が原発に秘められていることを、国民は知ってしまいました。「三・一一」によって、国民の大多数に、国家崩壊のイメージと国家による安全と安心の保障が強く意識づけられたのです。

震災直後から、私は「戦後は終わり、災後が始まる」と、時代の転換点到来を指摘してきました。突然、多くの人が理不尽に亡くなる経験は戦後、皆無です。それが自然災害というかたちで、起こりうることが明らかになりました。

敗戦後、一九四五年からの七〇年間を「戦後」と称してきましたが、震災後から日本には「災後」が始まると考えたのです。

たとえば、東北の復興です。東北はもともと過疎問題を抱えていました。ただ復興するのでは意味がありません。創造的復興が必要でした。東北を日本の先端地域に変えることで、日本という国家が変わるというのが、災後の言葉に託した意味です。しかし、現実は予想していたほど、日本は変わりませんでした。

ただ、自然災害への対応、原発の問題など、これまでとは同じではいられないという、災後的な価値観が生まれたことは確かです。

古代ローマとイスラム国の共通点――本村

私は、中東の地にＩＳ（イスラム国）が出現した時、国家とは何かを考えました。小さな勢力が虐殺《ぎゃくさつ》や略奪によって、あれよあれよという間にシリア、イラクに支配地域を拡大していき、ＩＳを名乗りました。ＩＳの蛮行《ばんこう》のなかに、性奴隷としての女性拉致《らち》がありますが、私は古代ローマのある建国神話を思い起こしたのです。

古代ローマは、伝承によれば紀元前七五三年、ロムルスによってイタリア半島に建国されています。王政から始まり、共和政（前五〇九年）を経《へ》て帝政（前二七年）に政体が移行していきます。その過程で地中海全域を征服し、巨大なローマ帝国を築きました。そして、東西に分裂し（三九五年）、西ローマ帝国の滅亡（四七六年）をもってローマ帝国は終焉《しゅうえん》します（東ローマ帝国＝ビザンツ帝国は一四五三年まで存続）。

私が思い起こした神話は、ローマ人による女性略奪の物語です。できてまもないローマは、国家存続のために子孫を残す必要に迫られます。しかし、ローマには若い女性が少なく、子孫繁栄が望めません。そこで、一計を案じます。近隣の部族サビニから、若い女を略奪するのです。

ローマ人は祝宴を設け、サビニ人の男女を招きます。祝宴がたけなわになったところで、サビニの男たちを追い散らし、女を略奪してしまいます。三年後、サビニの男たちが女たちを奪回しようとローマを襲《おそ》います。ところが、囚《とら》われのサビニの女たちは両者の間に身を挺《てい》して割って入り、争いは回避されます。

サビニの女たちはローマ人と結婚させられ、子どもまでいます。サビニが勝てば子どもや夫を失います。サビニ軍には、女たちの父親や兄弟が従軍しています。女たちは子ども、夫、父親、兄弟を救うために動いたのです。以降、ローマとサビニの間に、平和がもたらされたと伝えられています。

サビニの女たちがローマ王とサビニ王の間に入って争いを止める場面は、フランスの画家ダヴィッドによって描かれ（一七九九年作「サビニの女たち」）、ルーブル美術館に残されています。この神話はヨーロッパでは広く知られています。

このように、国家成立期には一種の暴力性がともないます。私から見れば、ローマは理想化されすぎています。神話であるものの、ローマも元をただせば、ＩＳと同様にならず者国家だったのです。ドイツの哲学者ヘーゲルも「ローマは略奪国家だ」と言っています。

御厨先生が言われた、国民への安全と安心の保障とは、「国民の生命の安全と安心、そして財産を守る」ことになると思います。それは取りも直さず、国内に「安定した秩序」をつくることに尽きます。安定した秩序は、国家が成り立つうえで、大事な要素になると考えます。

暴威を振るったＩＳも、現在ではシリア、イラクではほぼ消滅してしまいました。しかし、もし一〇年以上も持ちこたえ、「安定した秩序」がつくられたら、国際社会はＩＳを国家と認めざるを得なくなったかもしれません。

マケドニア王国のアレクサンドロス大王（紀元前四世紀）にも、国家とは何かを考えさせられるエピソードが残されています。

大王が、遠征中の海洋上で遭遇した海賊に「なぜ海を荒らすのか」と尋問すると、「それでは、陛下はなぜ大陸を荒らすのですか」と返されます。そして、「われわれは小さな船隊だから海賊と呼ばれますが、大王は大艦隊で大遠征を行なっているから、大王とか呼ばれるのです」と言ったそうです。その後の顚末《てんまつ》は不明ですが、なかなか本質をとらえていると思います。

旅する天皇──御厨

国内の安定した秩序が国家の成立にとっての基本要件。私も同感ですが、日本においては、天皇陛下がはたす役割が大きいと思います。三・一一以降、特にその傾向は強いように思います。

今上天皇は、象徴天皇制のあるべき姿を模索し続けてきました。即位からおよそ三〇年間、皇后陛下とともに、自分たちが考えられた象徴としての姿を示されてきました。

震災などの自然災害が起これば被災地に向かい、被災者を慰《なぐさ》められてきました。北海道南西沖地震の際、膝《ひざ》を折り、被災者に寄り添う両陛下の姿が報道されました。全国から奥尻《おくしり》島の町役場に、両陛下を座ったまま迎える被災者に対する批判や怒りが、相次いで寄せられました。

二年後、阪神・淡路大震災でも両陛下は膝を折り、被災者を慰撫《いぶ》されました。文芸評論家の江藤淳《えとうじゅん》は、「文藝春秋」一九九五年三月号で「皇室にあえて問う」として、「ひざまずく必要はない」「立ったままで構わない」「国民に愛されようとする必要も一切ない。国民の気持ちをあれこれ忖度《そんたく》されることすら要《い》らない」と述べました。

ところが、被災した神戸《こうべ》市には、クレームが一件も寄せられませんでした。「ひざまずく両陛下」は、国民に受け入れられていたのです。

両陛下は、かつて日本の委任統治領だったサイパンやパラオにも行かれ、敵も現地の人も含めたすべての戦争被害者に対して祈りを捧《ささ》げています。これらは、日本国憲法で規定されている天皇の国事《こくじ》行為ではありません。慰め祈ることで人心《じんしん》に触れることができる、そして国民と心をひとつにできるという思いからの行為でしょう。つまり、被災地や戦地の訪問は、国民の象徴としての行為だったのです。

この陛下の姿を、私は「旅する天皇」と表現したい。日本国内をくまなく回られ、各地域を愛し、市井《しせい》の人々と触れ合うことこそが、天皇のあるべき姿だとの思いを、陛下は持たれているのではないでしょうか。

なかでも、島嶼《とうしょ》への旅を、天皇の象徴行為として大切なものと思われているのではないか。皇太子時代を含めると、島々への訪問は約二〇都道府県・五〇島に上ります。「国民を思い、国民のために祈るという天皇の務めをなしえたことは幸せだった」と語られています。

戦災慰霊の旅では、昭和天皇が行けなかった沖縄への思い入れが感じられます。二〇一八年三月の訪問は、実に一一回目で、退位前に訪れたいという天皇・皇后両陛下の強い希望によるものでした。

両陛下の初訪問は、皇太子時代の一九七五年。この時、ひめゆりの塔の前で、過激派組織から火炎瓶《かえんびん》を投げつけられています。戦時中、唯一の、しかも島民を巻き込んでの地上戦が行なわれた沖縄には、皇室に悪感情を抱く人々が少なくなかったようです。

陛下は沖縄についてたくさんの関係書を読み、研究されてきました。そして、六月二十三日の「沖縄慰霊の日」には、皇后陛下とともに黙禱《もくとう》を捧げてきました。両陛下が繰《く》り返し訪問されるなかで、県民の感情が和《やわ》らぎ、今では好意的に迎えられています。二〇一二年には、「戦争で沖縄の人々が被った災難を、日本人全体で分かち合うことが大切」「皆で沖縄の人々の苦労を考えなければならない」とも述べられています。
天皇の祈りの旅には、荒々しい感情を収める、鎮《しず》めの力があるのです。

ハドリアヌス帝の巡察――本村

今上天皇が旅する天皇ならば、ローマのハドリアヌス帝は「旅する皇帝」です。ハドリアヌス帝は二世紀前半の皇帝で、五賢帝《ごけんてい》（ローマ最大の繁栄期を築いた五人の皇帝＝ネルウァ、トラヤヌス、ハドリアヌス、アントニヌス・ピウス、マルクス・アウレリウス。184〜185ページで詳述）のひとりです。

ハドリアヌス帝以前、皇帝は基本的にはローマに常在していました。しかし、ハドリアヌス帝は治世二一年の半分を、ローマを離れて属州《ぞくしゅう》（ローマ帝国本国以外の領土、市民権はない）各地を巡察しました。帝国をくまなく歩き、国民の前にどんどん出て、演説をします。属州各地は、演説の場となるパンテオン（神殿）を修復して、彼を迎えました。ギリシアでは、すでに遺跡となっているパンテオンの修復までしています。

各地で、こうした造営事業が盛《さか》んに行なわれ、「ハドリアヌス・ルネサンス」という言葉さえ残されています。また、彼の来訪を記念して、貨幣もつくられました。

先帝トラヤヌスは、ローマ帝国の版図《はんと》を最大に広げた皇帝です。ハドリアヌス帝はこれ以上の領土拡大政策を取らずに、平和と安定の国家経営に舵《かじ》を切るのです。

巡察で人心に触れたハドリアヌス帝は、ローマをはじめ、それぞれの地域の神々を崇《あが》めることで（当時は多神教）、帝国の安寧《あんねい》と繁栄がもたらされると信じていました。そのために、帝国内を旅して回ったと言われています。

このような、ハドリアヌス帝による各地に安定した秩序をつくる旅は、今上天皇の祈りの旅に重なるのではないでしょうか。

ところで、東洋の場合は日本でも中国でも古来、天皇や皇帝は、民衆の前に姿を現わさないように思います。御簾《みす》の内側に隠れているイメージがあります。幕府の将軍ですら、そうだったのではないでしょうか。

ところが、西洋の場合、ローマ皇帝などは剣闘士闘技場の貴賓席《きひんせき》に現われ、観衆に手を振ります。なかには、二世紀後半のコンモドゥス帝のように、皇帝みずから剣闘士となることすらありました。

現代でもヨーロッパの王室、たとえばイギリスのエリザベス女王は、アスコット競馬場のパドックに姿を現わします。二メートル程度の通路を通ってやってきて、サーッと帰っていきます。私も見かけたことがあるのですが、その距離の近さに驚きました。

国家崩壊論が起こる時——本村

国家崩壊と言えば、ローマに殲滅《せんめつ》されたカルタゴを思い起こします。カルタゴは紀元前九世紀から同二世紀、北アフリカに位置し、地中海貿易で栄えた都市国家です。

ローマとカルタゴはシチリア島などをめぐり、およそ一二〇年間（紀元前二六四年〜同一四六年）に三回、矛《ほこ》を交《まじ》えました。第一次、第二次ともに勝利したローマは、カルタゴに五〇年の期限で莫大な賠償金を科します。しかし、貿易大国カルタゴは「二〇年で返す」と豪語するほど、ローマ人が想像する以上のスピードで回復しました。

カルタゴの回復力に脅威を感じたローマは「カルタゴ殲滅」を掲《かか》げて、第三次ポエニ戦争をしかけます。この戦いでカルタゴは完全に滅《ほろ》ぼされます。ローマは一週間かけて焼き払った土地に塩を撒《ま》き、草木一本も生えないほど徹底して破壊したと伝えられています。

日本も戦争で国土を焦土に変えられましたが、国力ゼロに等しいところから復興をはたし、一九六八年にはGDP（国内総生産）で世界第二位となります。この経済成長には、世界が目を見張りました。

歴史を振り返れば、国力が衰退すると国民の間に国家崩壊論が起こります。

十八世紀後半、アメリカ独立戦争に負けたイギリスは、植民地アメリカを失うだけではなく、自国、スコットランド、アイルランドから労働力が流出しました。イギリス国民は大英帝国の力の衰えを実感し、恐怖を覚えます。当時出版された、歴史家エドワード・ギボンの『ローマ帝国衰亡史』（複数の日本版あり）を、イギリス国民は貪《むさぼ》るように読んだと言われています。

日本も、バブル崩壊後の一九九〇年代から崩壊論が語られるようになり、その傾向は最近さらに強くなってきているように感じられます。本書もそのひとつかもしれませんが、扇情的で安易な結論を導《みちび》くことは避《さ》けたいと思います。

1945年9月27日、アメリカ大使館にダグラス・マッカーサー連合国軍最高司令官を訪問した昭和天皇

第一章　天皇制

2016年8月8日、「おことば」を述べる今上天皇

明治の強い意思——御厨

二〇一六年八月八日、今上天皇が国民に生前退位の意向を表明されました（27ページ下段の写真）。私はこの天皇の「おことば」で、ふたたび国家とは何かを考えました。

明治以降一五〇年、天皇は基本的には国家の中心として存在しています。明治天皇は大日本帝国憲法のもと、国家元首として国家を統治し、条約の締結、統帥権《とうすいけん》（119ページで詳述）の総覧、官吏の任免など広範な政治的大権《たいけん》を有《ゆう》しました。大日本帝国憲法は、天皇主権を明確にしています。

しかし、初代の内閣総理大臣伊藤博文《いとうひろぶみ》ら、明治維新を成し遂げた元勲《げんくん》たちは、大権が憲法の条規にしたがって行使されるという、「立憲君主制」の基本原則も規定しました。また、天皇の大権行使に誤《あやま》りがないよう、国務大臣が補佐することも明記します。天皇が大権を濫用《らんよう》しないように国政に関する権能を制限し、立憲君主としての存在を明確にしたのです。

戦後、日本国憲法では、主権は天皇から国民に替わり、天皇はいっさいの政治的権能を持たない「象徴」とされ、公的には「ご公務」と呼ばれる、国事行為を執《と》り行なうだけの存在となりました。

伊藤らは大権行使の制限だけではなく、天皇や皇族の結婚の自由、職業選択の自由といった国民が有する個人的な自由をも束縛《そくばく》しました。

その最たる例が、「崩御原則《ほうぎょげんそく》」です。天皇には、その地位から離脱する自由はなく、その治世を、みずからの意思で短くすることも許されませんでした。伊藤らが、「あなたは亡くなるまで天皇として存在する」と規定したからです。以降、天皇が亡くならないかぎり、皇位の移動はできないという原則が大正、昭和と続きました。

昭和天皇は戦後まもない頃、内々に何度か退位の意向を示しますが、そのたびに周囲の反対意見を聞き入れ、思いとどまります。諫止《かんし》の理由はそれぞれですが、昭和天皇が反対を押し切ってまで退位しなかったのは、根本的には立憲君主制と崩御原則、すなわち「明治の強い意思」が、昭和天皇を束縛していたからです。「一世にして二世を生きる」と言われたように、昭和天皇は大日本帝国憲法と日本国憲法のもとで、黙して生き抜いたのです。

その明治の強い意思である崩御原則に、今回、今上天皇の発意を受けて、一代かぎりの生前退位という例外規定が設けられました。陛下は二〇一〇年頃から、最後に生前退位した第一一九代光格《こうかく》天皇の事例を研究されていました。

光格天皇は江戸後期の一八一七年、皇太子（仁孝《にんこう》天皇）に譲位し、太上《だいじょう》天皇（上皇）になっています。在位中は朝廷の権威強化、朝廷儀式の再興に熱心に取り組み、近代天皇制の礎《いしずえ》を築いたと評価されています。譲位後は、院政を布《し》いた中世の上皇たちとは異なり、権力を振るおうとしなかったと伝えられています。

今上天皇は、退位後のイメージを光格天皇の事例に求めているのだと思われます。

必要不可欠の存在——御厨

私は二〇一六年十月から、生前退位問題について、官邸に設置された「有識者会議（天皇の公務の負担軽減等に関する有識者会議）」の座長代理を務め、二〇一七年四月に最終報告をまとめさせていただきました。

今上天皇一代を対象とする特例法であれ、約二〇〇年ぶりに退位が実現することは、この国にとって歴史上の大変革であり、大きなエポックと言えます。

陛下は、新たな天皇像を定めた日本国憲法のもとで、はじめて皇太子、そして天皇になられた人です。現在の象徴天皇像は、陛下がつくりあげたものなのです。その集大成が生前退位だったと、私は思うのです。

陛下の「おことば」に、「天皇の高齢化に伴う対処の仕方が、国事行為や、その象徴としての行為をかぎりなく縮小していくことには、無理があろうと思います」とあります。「高齢化」をキーワードにして語りかけたのは、国民の気持ちを引き寄せるのに大きな効果をもたらしました。「私も歳をとったのです」と言われたのですから、国民はハッとします。人道上の問題という理性的な判断を引き出したのです。見事です。

陛下は、慰霊・慰撫の旅を国民の大半が支持してくれていると実感されているはずです。陛下は三〇年かけて、国民統合の象徴の役割を確かなものにしてきました。その役割を、皇太子殿下にしっかりと受け継いでもらい、殿下が象徴天皇の道を歩まれるのを見届けたいのだと思います。

この「おことば」は、元気なうちに役割を次代の象徴天皇と皇后に譲り渡さなければならないという、陛下のお気持ちの表われでしょう。

陛下はみずからの立場についてのお気持ちを、ビデオメッセージで国民に語りかけ、退位の意向を示されました。八～九割の国民が、「陛下、どうぞお休みください」と賛同。ここに、明治の強い意思は解《と》かれたのです。

国民は、陛下の人柄や振るまいを支持しています。また、象徴としての務めを懸命にはたす陛下を受け入れています。この「おことば」は、きわめて自然に国民の心に届きました。生前退位への国民の賛意に、私は憲法がどう変わろうと、この国は天皇を必要不可欠の存在としていることをつくづく実感したのです。

この国では、今回の退位もそうですが、皇太子のご成婚、天皇の崩御など天皇家に関する問題では、必ず天皇と国民は強い紐帯《ちゆうたい》で結ばれます。これは、天皇の存在が確認されることを物語っています。ふだんはそれが顕在化しないように、憲法などの仕組みでうまくコントロールしているわけです。

昭和天皇と今上天皇の違い――本村

今上天皇は、現憲法が施行されてから四三年後に即位しています。ですから、天皇という存在を客観的に考え、立憲君主という価値観も絶対視していないのではないでしょうか。「おことば」には、「天皇も人間である」というお気持ちが表われていると思うのです。

こうした考え方は、皇太子時代から持っていたようです。学習院初等科から大学まで、陛下と身近に接してきたジャーナリストの橋本明《はしもとあきら》は、著書『知られざる天皇明仁《あきひと》』のなかで、皇太子の人間としての叫びを紹介しています。

それによれば、美智子《みちこ》皇后に結婚を決意させたのは、皇太子が思わず漏《も》らした「家庭を持つまでは絶対死んではいけないと思った」という一言だったそうです。著者は「悲痛な響《ひび》き、籠《こ》められた寂《さび》しさの吐露《とろ》こそ正田《しょうだ》美智子の心を抉《えぐ》った」と見ています。皇太子は二歳の時から両親の元を離れ、東宮《とうぐう》仮御所で東宮傅育官《ふいくかん》に育てられています。

婚約発表直後に開かれた大学の同窓会で、共同通信社の記者となった著者は、皇太子に「殿下、はっきり答えていただきたいのですが、これは見合いですか。それとも恋愛ですか」と迫ります。皇太子は「両性の合意に基《もと》づく結婚である。このことは国民に良く知ってもらいたい」と言い切ります。著者は、「新憲法第二四条一項の精神を体現できた皇太子の満足感が明快に理解できる言葉」と記しています。

御厨先生の指摘のように、昭和天皇は「立憲君主」という束縛のもとで存在していました。記者から「開戦には、陛下は反対でいらっしゃった。どうしてあれをお止めになれなかったのですか」と問われたことがあります。対して「私は立憲君主だから、臣下が決議したことは拒めない。憲法にも規定されている」旨の発言をしています。

ですから、もし国会において「やめろ」という決議があったならば、昭和天皇が退位したことは想像に難《かた》くありません。

今上天皇は戦後五〇年（一九九五年）あたりから、政治的に踏み込んだ発言をしてきました。皇后陛下も憲法論議が盛んだった二〇一三年、民間の憲法草案（五日市《いつかいち》憲法草案）に深い感銘を受けたことを語っています。しかし、両陛下の発言は、国民やメディアに問題視されることはありませんでした。両陛下に、国民の信頼と絶大な支持があるからです。

退位問題は、明らかに、陛下の発言によって政治が動いています。憲法には、「天皇は国政に関する機能は有しない」と定められています。しかし、今回も憲法からの逸脱という問題は、大きな議論にはなりませんでした。

今上天皇は天皇という象徴の立場、そして婚約時のエピソードが示すように、国民とともにある天皇明仁への国民の理解を、強く意識しているのだと思います。

陛下は国民を思い、国民の安寧と幸福のために祈ることが、国民の信頼を得られると考えられているのでしょう。それは、宮中における儀式の祈りだけではなく、被災地や戦地訪問を重要視されているのでしょう。それゆえに、祈りや悲しみの対象を持つことに、価値観を見出しているのではないでしょうか。

時に政治的に踏み込んだ発言をするのは、沖縄への強い思い入れがそうであるように、国民の理解を深めるためだと私は見ています。

首相官邸と宮内庁の対立――御厨

この国の時間の流れは西暦ではなく、元号で流れています。元号による時間の流れは明治以降、天皇の生命と同じくしていました。その原則を、今上天皇はみずからの意思で「自分の治世は終わらせたい」と変えられました。そして、天皇の地位の束縛から免《まぬか》れて、人間的な晩年の自由を手にされようとしています。

時間を支配する者が、真の統率者だと思います。ですから、陛下は本当に強い天皇なのだとしみじみと感じ入りました。その強い天皇が、安倍晋三《あべしんぞう》首相と火花を散らしました。天皇の退位問題をめぐり、有識者会議の座長代理を務めた立場から見えたのは、首相官邸と宮内庁の熾烈《しれつ》な戦いです。

このきわめて政治的なバトルは、二〇一六年にNHKが「ご意向」を報道したことに端を発しています。本村先生から「おことば」で政治が動いたとの話がありましたが、私もこの情報発信に、象徴天皇制の「則《のり》を超えた」という感じを持ちました。

宮内庁参与など、天皇周辺の人々が政治の側にしかるべきチャンネルで働きかけ、政治を動かすのが本来の姿だからです。「ご意向」は、宮内庁関係者がNHKに報道させたと私は推察しています。

官邸側からは、退位は認めるけれど、時間をかけた手続きが必要という強い思いが伝わってきました。退位に反対する、一部保守派への配慮があったからです。いっぽう、宮内庁側は、早い結論を求めていました。

退位日をめぐっても、首相官邸と宮内庁による綱引きがありました。平成が三十年で終わり、元日《がんじつ》から新しい元号というのがわかりやすく自然です。しかし、宮内庁が「四月一日」と言い、それを官邸側が「五月一日」にひっくり返しています。改元の日はメーデー、労働者のお祭りの日です。驚きました。

テレビ天皇制——御厨

退位問題は、メディアが大きな役割をはたしています。陛下はテレビを通じて国民に語りかけました。すると、広範囲に一気に広がり、事《こと》は急を要することになりました。国民の理解を背景に、一瀉千里《いっしゃせんり》に結論を出す必要が生じたのです。

天皇制とメディアの関係は一九五九年に、今上天皇が皇太子で結婚した時にさかのぼります。その模様がリアルタイムの映像でお茶の間に届けられたため、テレビの普及を促《うなが》し、美智子妃によるミッチー・ブームも起こりました。

いっぽう、天皇や皇太子はひとりの人間としての姿をあからさまにしてはならない、とする神格願望も根強く残っていました。今上天皇は、周囲から「ただの人間になってしまった」と、厳しい言辞を浴びせられています。

しかし、厳しい批判にあっても、天皇・皇后両陛下は開かれた皇室を意識して、言動にその意を示してきました。特徴的なのは、テレビを通して、お茶の間に自分たちの姿を能動的に届けていることです。どのように映《うつ》るかを気にされているようにも見受けられます。

宮中で自分たちが具体的に何をしているかわからなくても、国民一人ひとりに空気のごとく寄り添っていることを納得してもらいたいと願っているのでしょう。

この天皇と国民の関係を、かつて政治学者の松下圭一《まつしたけいいち》（法政大学名誉教授）は、「大衆天皇制」と評しました。

退位問題では、今上天皇はテレビを通じて国民に語りかけ、「おことば」を受け止めた国民は即座に賛意を示しています。私は、これは「テレビ天皇制」ではないかと思いました。

権威と権力の分離――本村

立憲君主制のもとでは、天皇は権威者であっても権力者ではありません。権威と権力は分離されています。

権威は人格と実力が内から自然に滲《にじ》み出るもので、権力はその地位から直《じか》に生まれる力、つまり外から与えられた力――権威と権力の違いについて、われわれはこのように認識しています。つまり、権威を上位に置いているのです。

天皇に即して言えば、その権威は元来、正統性が崩《くず》れることのない、二〇〇〇年の伝統に裏打ちされています。それが「伝統的権威」です。その権威を体現する今上天皇と権力の安倍首相が火花を散らせば、権力を行使する首相が非難を受けます。この構造を、「うらやましい」と言う外国人がいるほどです。

安倍首相は長期政権ですが、日本の首相はおおむねコロコロ替わります。外国から、よく国内が乱れないものだ、首相の顔と名前が一致しないなどと揶揄《やゆ》されます。

しかし、日本は天皇がまとめ役として存在します。たとえ経済が悪くなっても、国内は乱れません。権力があっても権威が疑わしい元首が登場する大統領制のアメリカにはない、権威と権力の分離という形態の効用です。

小さい権威で権力を持てば、組織は衰《おとろ》えます。力に頼った独裁者が生まれかねません。しかし、権威が先行して権力がそれに従えば、組織は強くなります。組織論でよく言われる、一面の真理です。

日本の天皇は中世以降、権威と権力の分離のなかで存在しています。明治から戦前までは権力も併《あわ》せ持ちますが、巧妙に分離が工夫されていました。安定した秩序をつくるうえで、重要な仕組みとなって機能し、しかも独裁者の出現を防ぐシステムになっていたのです。

権威を買ったカエサル——本村

ローマには「政治を行なう者は権威（アウクトリタス）をもって統治せよ」という言葉があるほど、ローマ市民は権威を重んじました。権威なき皇帝は絶大な権力で統治しようとするため、専制君主になる恐れがあることを経験から知っていたのでしょう。

ローマにおけるアウクトリタスには権力、財産、血筋（家柄）なども含まれますが、もっとも重視されたのが「武勲《ぶくん》」と、今の言葉で言えば「オーラ」「カリスマ性」です。これは家柄とも関係しており、「目には見えないけれど、歴然と人を圧するもの」が為政者に求められました。

初代皇帝アウグストゥスは帝位に就《つ》いた時、ローマ市民に「私は権力においてほかの人とはあまり変わらない。では、私はほかの人たちと何が違うのか。私はアウクトリタスにおいて万人に勝《まさ》っているのだ」と語りかけています。つまり、権力ではなく権威を強調したのです。

ちなみに、アウグストゥスとは人名ではなく、ローマ市民がオクタウィアヌスに贈った「尊厳ある者」を意味する尊称です。

アウグストゥスは権威者でありたいがために、権力を持っていないように振るまいました。彼の彫像に、そのことが如実に表われています。若い時の彫像は鎧《よろい》姿ですが、三十代後半からはトガ（一枚布の上着）を被《かぶ》った祈る姿、宗教的な人間の像しかありません。統治には「祈る姿」が有効であると、アウグストゥスは気がついたのでしょう。

ローマ最大の英雄ユリウス・カエサルも同様で、権力者となる前の三七歳の時、国家祭祀の最高責任者である大神祇官《だいじんぎかん》（ポンティフェクス・マクシムス）に命がけで立候補します。大神祇官は通常、公職経験も豊かな高齢者がなるのが通例であり、無謀な挑戦です。しかし、借金でつくった巨額の金をばらまいて選出されます。カエサルは、大神祇官を死ぬまで務め上げます。

作家の塩野七生《しおのななみ》さんは、「カエサルは貴族だけれどたいした資産がないから、公舎に住める大神祇官になった」と述べていますが、私は違う見方をしています。この時点ではまだ権力は手にしていないカエサルは、将来を開いていくには権威的なものを持つ必要がある、と意識していたのではないかと推測しています。

これは証明できることではありませんが、「ポンティフェクス・マクシムス」とは、今でもローマ法王の正式名称に残っているように、大きな権威があるものなのです。

アウクトリタスには、ほかにもさまざまな要素が含まれていました。服装や威厳に満ちた立ち居振るまい、立派な体格、あるいは教養もそのひとつと見なされていました。

時代がずっと下って中世になると、ヨーロッパの王は権力重視で、教養の有無はあまり問われなくなります。

しかしローマでは、少なくとも共和政の貴族においては、教養は必須のものでした。血筋も権威の大切な要素でしたが、教養に裏打ちされた人格と実力がなければ、それだけでは権威とは認められなかったからです。それが威厳となって、ローマ市民の尊敬を集めたのです。

中国、韓国の嫉妬《しっと》——御厨

日本のように機能しているかどうかは別にして、権威と権力の分離という形態は、イギリスをはじめヨーロッパの国々にも見られます。中国、朝鮮半島にも、かつては皇帝や王が存在しました。ただし、権威と権力を併せ持つ皇帝と王です。

中国の王朝は、易姓《えきせい》革命（支配者が徳を失えば、徳を備えた別な者に代わられるという儒教にもとづく王朝交代説）によって交代を繰り返しながら、連綿と続いてきました。ところが、辛亥《しんがい》革命（一九一一年）で清《しん》朝が倒されると、その歴史に終止符が打たれます。朝鮮半島の李《り》氏朝鮮も、日本による韓国併合（一九一〇年）をもって消滅しました。

中国、韓国は折に触れて日本の戦争責任を追及してきました。中国の場合は、これまでは日本の首相や政治家に対し、歴史問題についての反省や謝罪を求めるものでした。

ところが二〇一五年、中国のメディアが、今上天皇に謝罪を求める記事を掲載しました。「昭和天皇には中国への侵略戦争のおもな責任がある。後継者の天皇は謝罪すべきだ」という主張です。天皇に直接、謝罪を求めるのは異例です。それも、今上天皇に求めているのですから。

謝罪要求の背景には、嫉妬と口惜《くちお》しさがある。そう、私は見ています。日本に自分たちが廃してしまった伝統と有徳の権威があり、国家の安定要素になっているのが癪《しゃく》の種なのです。日本国民は意識していないかもしれませんが、二〇〇〇年の伝統に支えられた天皇、皇室を日本が持つ意味は、とてつもなく大きいものです。

ここまで、日本の権威者たる天皇の存在意義について論考してきました。ここからは、ひき続き「安定した秩序」を観点に、最高権力者の首相について考えていきます。

日本の首相の権力——御厨

かつて、小泉純一郎《こいずみじゅんいちろう》首相は国会の所信表明演説で「首相公選制」について述べたことがあります。「議院内閣制では、首相がリーダーシップを発揮できない」「アメリカ大統領と同じく、強いリーダーシップを発揮したい」との思いがあったようです。

しかし、議院内閣制では首相のリーダーシップが弱く、大統領制では強いというのは、まったく根拠がありません。

日本の首相は現憲法下では、非常に大きな権限を持ちます。日本国憲法は国民主権のもと、立法、行政、司法の三権分立が明確に規定されています。議院内閣制という基本的枠組みのなかで、内閣は行政権の主体として位置づけられています。

議院内閣制とは、議会の多数派が首相を選び、内閣を組織する制度です。首相は行政府の長《ちょう》であるとともに、指名された時から衆議院の多数派を握っています。もともと、リーダーシップを発揮しやすい構造のなかで選ばれているわけです。

衆議院は参議院に対し、予算先議権《せんぎけん》（予算案を先に審議できる）を有するなど、優越的地位が認められています。つまり、首相は立法府の国会をも支配しているのです。さらに、司法の長たる最高裁判所の長官も指名できます。

閣僚人事も法律も予算も原則、首相の意のままです。伝家の宝刀として、衆議院の解散もできます。日本国憲法は、意外にも首相の権力を抑制する方向ではなく、むしろ、十全に発揮できるようになっているのです。

これは、戦前の反省のうえに成り立っているからです。戦前の大日本帝国憲法は、完全な権力分立型です。天皇にすべての権能が集中するようになっていますが、それは建前であり、実際は序章で述べたように、立憲君主制のタガがはめられており、意のままに権能を振るうことができませんでした。とはいえ、首相が内閣を組織しても、首相をはじめ、各国務大臣の務めは、基本的に天皇を支えるだけの役割（輔弼《ほひつ》）にすぎません。

では、権力はどこにあるのか。閣内にあっては陸軍大臣、海軍大臣が力を持っていました。閣外では元老《げんろう》、枢密院《すうみついん》議長、宮中の内大臣が大きな影響力を行使し、首相の権力は制限されていました。

元老は、大日本帝国憲法発布（一八八九年）以降、昭和初期まで存在した重臣です。天皇の相談相手として遇され、国家の意思決定に参画した元勲たちの呼称です。法律上にはなんら規定がなく、慣習上の制度として設けられていました。

元老に列したのは長州《ちょうしゅう》藩出身の伊藤博文、山県有朋《やまがたありとも》、井上馨《いのうえかおる》、桂太郎《かつらたろう》、薩摩《さつま》藩出身の黒田清隆《くろだきよたか》、松方正義《まつかたまさよし》、西郷従道《さいごうつぐみち》、大山巌《おおやまいわお》、公家《くげ》出身の西園寺公望《さいおんじきんもち》です。彼らは第一線を退《しりぞ》いたあとも大きな政治的発言力を持ち、大日本帝国憲法下の支配体制維持のための機能をはたしています。

枢密院は天皇の最高諮問機関と位置づけられ、国政に権勢を誇りました。元勲クラスの人々で構成されています。議長の地位は首相に次ぐもので、国務大臣、元帥《げんすい》よりも上位でした。

元老たちには、権力が分散していても、自分たちがついているから大丈夫だという自負がありました。しかし、彼らとて、いずれ鬼籍《きせき》に入ります。しかも、維新を成し遂げた功労者から選ばれていますから、補充がありません。

明治政府はうまく機能したと言われますが、元老たちは自分たちの治世のことは考えたけれど、のちのことにまで考えがおよばなかったのです。

アメリカ大統領の権力は弱い!?――本村

アメリカは三権分立が厳格であり、三権分立により、大統領の権限が縛られています。

大統領制は、もともと君主国だった国家に誕生しています。アメリカはイギリスから独立して、君主に代わって国家を代表する元首を選ぶ必要がありました。大統領制が生まれた理由です。

大統領には天皇とは違い、伝統的権威がありません。さきほど述べたように、権力のみで統治にのぞめば、専制君主になりかねません。三権分立の制度で、大統領をがんじがらめにしておけば、専制化の恐れはなくなると考えたのです。

選出の際、議会に基盤を持たない大統領は、議会の承諾がなければ、閣僚や省庁の高級官僚の任命もできず、政策の実行もままなりません。日本の首相のように、国会議員の首を切って、議会を解散することもできないのです。

ですから、議院内閣制は大統領制よりも、リーダーシップが発揮しやすいのです。日本の今の政治状況（二〇一八年六月時点）は、「安倍一強」と言われて久しい。安倍首相はまるで全能感に浸《ひた》っているかのように、意のままに政治を動かしています。

かつてのイギリスでも、チャーチルやサッチャーといった強い首相が現われましたが、なぜ、それほどまでに権力を発揮できるのでしょうか。

日本にかぎれば、戦前の反省から首相に強い権力が与えられたという御厨先生の指摘は、私もその通りだと思います。けれども、首相の地位が、天皇という伝統的権威の任命によるものという側面もあるのではないか、と思ってもみるのです。

独裁を防ぐ、ローマの政治形態——本村

古代ローマは、独裁者の出現を阻《はば》み、また権力を集中させない政治システムをつくっていました。それが「共和政」という政体です。およそ五〇〇年にわたる長期間、共和政は維持されました。ローマ市民が、それだけ独裁者に対して強い警戒心を持って対処していたからにほかなりません。

ローマの共和政は、元老院（セナトゥス）、政務官（マギストラトゥス）、民会（コミティア）によって行なわれる政治形態です。

諮問機関である元老院は、貴族から選出された終身議員で構成され、定員は約三〇〇人。大事なことは必ず元老院で審議されます。そして元老院での決定事項を実行するのが、執行機関の政務官であり、その最高責任者が執政官（コンスル）です。執政官の定員

は二人、任期一年です。執政官や財務官など、近代で言うところの閣僚を選出するのが、議決機関の民会です。

このように、元老院、政務官、民会の三つの権力がたがいの権力基盤となることで、どこかひとつに権力が集中しないような仕組みになっていたのです。ですから、共和政は、現代の立憲君主制と同じ意味合いを持つ政体と言えるでしょう。

紀元前一世紀の帝政期になると、元老院は皇帝の統治に組み込まれて形骸化《けいがいか》し、議員の地位は名誉職的なものになっていきました。それでも、一～二世紀の五賢帝時代までは、皇帝が実質的に力を持っていても、正式な皇帝になるには元老院で認められることが必要でした。やはり、独裁的な権力者を嫌ったのです。

ローマ市民は、自分たちはあくまでも自由民である、という考えを強く持っています。ひとりの人間に支配されることを、自分たちの権利が侵《おか》されるとして嫌悪したのです。

国政・軍事の最高責任者に二人の執政官を置いたのは、独裁を防ぐとともに、たがいに行動を牽制《けんせい》させるためです。ただし、他国からの侵攻や疫病の流行など、国家の非常事態が発生した場合、指揮系統を一本化する必要があることから、半年間の期間限定で独裁官

（ディクタトル）が置かれました。このあたりは、きわめて柔軟です。

共和政の末期、カエサルはみずからの権力を高めるために、独裁官の任期を一〇年に延長し、やがて終身の独裁官になるというかたちで権力を掌握していきました。彼はローマ市民の絶大な支持を得ていましたが、独裁者になる危険性を疑われて暗殺されてしまいました。

ローマ史上、最大の英雄ですら、独裁者たりえなかったのです。そして、これを反面教師としたのが、初代皇帝アウグストゥスだったのです。彼は前述のように、権力よりも権威を重んじています。

一九四五年九月二十九日の日本国民――御厨

日本の伝統的権威も、日本国民が失わざるを得ない危機がありました。一九四五年八月十四日のポツダム宣言受諾の時です。それは大日本帝国の終焉、国家の崩壊を意味します。しかし、そのことを国民が実感するのは、まだ先のことです。

終戦から一カ月半後の九月二十七日、昭和天皇がダグラス・マッカーサー連合国軍最高司令官を訪ねます。翌日、日本の新聞は昭和天皇とマッカーサーの会見を報じました。しかし、写真は不敬《ふけい》にあたるとして、掲載が禁じられます。当時、不敬罪（天皇、皇族、神宮、皇陵に対して不敬の行為をする罪）は廃止されていませんでした。

しかし、GHQ（連合国軍最高司令官総司令部）の指示で、会見の翌々日に、写真は各紙の一面に掲載されました。大日本帝国憲法で「神聖ニシテ侵スベカラズ」とされた天皇が、ポケットに手をつっこんだマッカーサーの横に直立不動で立つ写真（27ページ上段）は、日本中の人々に衝撃を与えました。

日本国民にとって「八・一五」が戦前と戦後の分岐点、特別な日という意識は薄かった、と私は思います。「八・一五」から一カ月半後、この一枚の写真によって「ああ、日本は負けたのだ」と、はじめて実感したのではないでしょうか。

とはいえ、国民は皆、敗戦によって打ちのめされていたわけではありません。「助かった」と解放感を味わう人々、来《きた》るべき時代への期待を持つ人々と、敗戦という事実をポジティブにとらえていた国民は少なくありませんでした。

国土の四分の一ほどを失い、アメリカ、イギリス、フランス、ソビエト連邦の四カ国に分割占領されたドイツとは違い、日本は北海道・本州・四国・九州の四島がそのまま残り、国家としての形態も一応、戦前のそれを保ったまま敗戦を迎えました。社会制度なども、まったくの無《む》から新しいものをつくる必要はなく、戦前にあった制度、あるいは構想されていた施策を換骨奪胎《かんこつだったい》して用いればよかったところが多々あります。

また、天皇制という伝統的権威が、マッカーサーの占領政策によって維持されます。

終戦直後の東久邇宮稔彦王《ひがしくにのみやなるひこおう》が率《ひき》いた内閣は、わずか二カ月の短命でしたが、マッカーサーが厚木《あつぎ》飛行場に降り立つまでに、復興の体制を整《ととの》えました。

その後も、GHQの間接統治のもと、復活した政党内閣が復興政策を進めていきました。実行された農地解放、婦人参政権、知事の民選などは、戦前の政党内閣時代に将来構想としてあった施策です。復興が大きな混乱もなく円滑になされたのは、戦前から将来に備えて、こうした施策が用意されていたことが背景にあるのです。けっして、「アメリカ主導」だけで、なされたわけではありません。

戦後、いくつかの地方では知事が先頭に立って自治、経済の再建に懸命に取り組んでいます。満州国《まんしゅうこく》（180ページで詳述）からの帰還組の知事も、少なくありませんでした。彼らは、満州（現・中国東北部＝遼寧省《りようねい》、吉林省《きつりん》、黒竜江省《こくりゆうこう》、内《うち》モンゴル自治区東部）で体験したある種の統制経済を市場経済に交えて、経済再建を推《お》し進めました。地方の戦後もある意味、すでに戦前から用意されていたのです。

戦前、三度《みたび》内閣を組織した近衛文麿《このえふみまろ》のブレーンだった矢部貞治《やべていじ》東大教授の『矢部貞治日記』に、おもしろいことが書かれています。

敗戦の年の十月頃、銀座《ぎんざ》の街を歩いていると、ある建物の看板に目が留まります。戦前は「総力戦研究所」だったものが、「民主主義研究所」に替わっているのです。人は替わっていないのに、看板が替わっている。街もどことなくバタ臭い雰囲気を醸《かも》している。矢部は心底《しんそこ》驚きます。そして、「日本人の変わり身は早い。だからこの国は滅びない」との確信めいた気分を抱くのです。

こうした事実から見えてくるのは、国民が大日本帝国終焉から民主日本への転換を、冷静に、そして柔軟に受け止めていたことです。

第二章　ポピュリズム

1933年、SA(突撃隊)の前で演説するアドルフ・ヒトラー。
同年1月に首相に就任していた

ポピュリズムと強硬外交——御厨

アメリカにおけるドナルド・トランプ大統領の誕生、イギリスのEU離脱、ヨーロッパ各国を席巻《せっけん》する反移民・外国人排斥《はいせき》運動など、世界の秩序が不安定化し、また政治状況も混沌《こんとん》としています。その背景に、「ポピュリズム」の台頭《たいとう》があると言われています。

日本も例外ではありません。借金財政、少子高齢社会、格差社会といったさまざまな危機を眼前にして、国の針路を示すことができない政府に、国民は不安を募《つの》らせています。この政治の衰弱は、小泉純一郎首相の劇場型政治、そして小選挙区制という選挙形態で顔を見せたポピュリズムとけっして無縁ではありません。

本章ではポピュリズムとは何か、そして、ポピュリズムがはたして政治の衰弱、国家の自壊をもたらすものなのかを検証していきたいと思います。

ポピュリズムは、「大衆迎合主義」と訳されます。日本では「利益をばらまいて人気取りをする政治」と理解されていますが、本来は大衆の欲望や不満を重視して行なう政治を意味します。そして、大衆による、政治家・官僚・大企業経営者・学者などエリートへの反感をすくい上げて政治運動に変えていく側面を持ちます。

トランプ大統領誕生の原動力になったのが、かつては盛んだった鉄鋼業や自動車産業が現在は衰退したアメリカ中西部の「ラストベルト（錆《さ》びついた工業地帯）」で働く、白人層からの支持でした。彼らは経済成長から取り残され、怒り、不満を鬱積《うっせき》させていました。その彼らに、トランプは「製造業を取り戻す」と訴えます。ラストベルトは民主党の地盤でしたが、彼らは共和党候補のトランプに一票を投じたのです。

ヨーロッパの反移民運動は、移民政策を導入したエリートに対する、移民によって仕事を奪われたと訴える労働者層の反抗です。

ポピュリズムの手法の特徴は、極端に単純化した争点を掲げることと、大衆の同意を得やすい敵をつくって攻撃することです。公《おおやけ》には口にできないようなことをあえて口にする本音主義も、その特徴のひとつです。誰も言えない本音を公言することで、反既成政治の姿勢を打ち出すのです。

ポピュリズムは批判的な意味合いで語られますが、その本質は反エリート、反既成政治、反既得権益にあるとも言えるのです。

日本でのポピュリズムは古く、明治期に「対外硬《たいがいこう》」の顔で登場しています。対外硬とは、国際社会において国際協調より、国家の自主・独立を重んじて軍事力の行使も辞さないという強硬的な外交姿勢のことです。

対外硬を主張するのは政治家だけではなく、民間にまで広がり、「対外硬派」と呼ばれる一大勢力を形成しました。日清・日露戦争、韓国併合の時期にもっとも盛んとなり、国際協調政策を取る政府を攻撃し、ナショナリズムのもとに大衆を結集させました。戦後は、平和主義と民主主義追求に転換したため、ポピュリズムが生まれる土台を失いました。

トランプ大統領の発言、ヨーロッパの反移民運動が攻撃的で排外的であることからもわかるように、対外硬と結びついたポピュリズムは攻めのイメージが強く、国民を高揚させます。そして、国際間に緊張関係をもたらします。

いっぽう、平和主義と民主主義には、国民の気持ちをひとつにして引っ張っていくという力が乏《とぼ》しく、守勢のイメージがついてまわります。

衆愚《しゅうぐ》政治で滅んだアテネ――本村

ポピュリズムは、ラテン語の「ポプルス（民衆）」を語源としています。いっぽう、民主主義は、ギリシア語の「デモス（民衆）」と「クラティア（権力）」の合成語「デモクラティア（民主政）」に由来します。

古代ギリシアのアテネ民主政に、「衆愚《しゅうぐ》政治」という政治状況がありました。衆愚政治とは大衆が参加した政治形態で、群集心理によって国政を左右する政治を意味します。哲学者アリストテレスは、民主政の堕落《だらく》形態としてとらえました。ちなみに、現在では、当時の政治状況を衆愚政治の一言では評価できないとされ、価値判断を含んでいるので使わないほうがいいかもしれません。

その古代ギリシアで起こった、二七年間にわたりギリシア全域を巻き込んだペロポネソス戦争（紀元前四三一～同四〇四年）に、ポピュリズムの大きな影響を見ることができます。

ペロポネソス戦争は、アテネを中心とするデロス同盟と、スパルタを中心とするペロポネソス同盟との間に起こった戦いです。戦争初期に疫病《えきびょう》がはやり、アテネ民主政を完成させ、アテネの全盛期を指導したペリクレスが病死しています。

指導者を失ったアテネの政治を主導したのが、「デマゴーゴス（扇動政治家）」と呼ばれる一団です。ギリシア語のデマゴーゴスは、「デモス（民衆）」と「アゴーゴス（指導者）」との合成語であり、本来の意味は「民衆指導者」でしたが、次第に巧《たく》みな弁論術によって民衆を煽《あお》る「扇動政治家」の意味で使われるようになりました。

デマゴーゴスを代表するひとり、貴族のアルキビアデスが、スパルタを背後から支えるシチリアに遠征することを提案します。この遠征は無謀と非難されましたが、彼は演説で「彼《か》の地は人口が多くても、ギリシア各地から植民してきた烏合《うごう》の衆だからまとまりがない」と言い放ちます。この言動は、ポピュリズムそのものです。

ちなみに、アルキビアデスは哲学者ソクラテスの弟子で、ペリクレス、ローマ皇帝アウグストゥスと並び古代三大美男子と称されています。大衆に受けるには、その経歴や外見も重要な要素なのかもしれません。

結局、アテネ軍はシチリアに攻め入りますが、逆に全滅。ペロポネソス戦争の盛衰を決定づける戦いとなりました。そして、アテネ民主政はペロポネソス戦争を境《さかい》にして、大衆迎合した衆愚政治となり、衰退したと認識されています。

このように、民主主義を最初に実現したアテネで、ポピュリズムが起こっています。そのポピュリズムによって、アテネは軍事国家とも言うべきスパルタに敗れます。

哲学者プラトンもアリストテレスと同じく、民主政は衆愚政治に陥《おちい》る可能性があるとして、君主には教養を備えた哲学者の皇帝（哲人《てつじん》皇帝）を戴《いただ》くのが妥当であると主張しました。いっぽう、アリストテレスは、複数の富裕な有識者による統治である貴族政を考えていました。

私は、民主主義の本質に、ポピュリズムが潜《ひそ》んでいると考えています。民主主義もポピュリズムも、語源はギリシア語とラテン語の違いがあるものの、その意味は同一です。政治に国民（民衆、大衆）の意思を反映しようとすれば、そこに陥る可能性は排除できないし、その手段を否定することは民主主義を否定することにつながるからです。

私はこうも考えています。ポピュリズムは批判されるが、よき民衆の意思を汲《く》み取ったましなポピュリズムというものもあるはずだと。

イギリスの首相チャーチルは「民主主義は最悪の政体である。今まで試《こころ》みたあらゆるものを除けば」と述べたことがあります。なかなか含蓄《がんちく》がある発言です。

日本の自殺――御厨

日本国有鉄道（＝国鉄、現・ＪＲ）、日本電信電話公社（現・ＮＴＴ）の民営化を推進した行政改革（一九八一年の第二次臨時行政調査会〔臨調〕）を会長として主導した、当時八四歳だった土光敏夫《どこうとしお》（石川島播磨重工業社長、東芝社長、経団連名誉会長）は、ある論文に衝撃を受けます。

その論文こそ、「文藝春秋」一九七五年二月号に掲載された「日本の自殺」（のちにグループ一九八四年著『日本の自殺』として刊行）です。そこには、高度経済成長により豊かさを謳歌《おうか》している日本は、実は崩壊に向かっており、その状況がギリシア、ローマの文明の没落過程に酷似している、と書かれていました。

当時、日本の財政は現在と同様、国債に依存していました。赤ん坊まで入れてひとりあたり一〇〇万円（現在は約八五〇万円）もの借金を国民に強《し》いていることを知り、土光は行政改革（行革）の必要性を痛感するのです。彼の言葉を引いてみましょう。

「『日本の自殺』という論文の結論は、ローマ帝国は『パンとサーカス』によって滅びたというものだ。これをわかりやすくいうと、巨大な富《とみ》を集中し繁栄を謳歌したローマ市民は、次第にその欲望を増大させ、タダのパンを与えられて労働を忘れ、サーカスに代表される消費と娯楽に明け暮れるようになる。その結果、ローマ市民はそれまでローマ帝国を支えてきた自立自助の勤労精神を失っていき、周囲の蛮族《ばんぞく》の進入によって滅ぶのだが、その前にすでにローマ帝国は白アリから食われたように形骸化し、勤労精神のきわめて低い国になっていた。わが国がそのような轍《てつ》をふまないためには、自立自助という勤労精神を失わないようにしなくてはならん。それが私の哲学であり、行革をやらんとするスタンスだ」（PHP研究所編『〈新装版〉土光敏夫　信念の言葉』）

ちなみに、「日本の自殺」ではプラトンの考察を引いて、古代ギリシアの没落の原因を「欲望の肥大化と悪平等主義とエゴイズムの氾濫《はんらん》にある。道徳的自制を欠いた野放図な『自由』の主張と大衆迎合主義とが、無責任と放埓《ほうらつ》とを通じて社会秩序を崩壊させていった」と説明しています。

このように、日本ではポピュリズムの典型として、ローマ帝国の「パンとサーカス」が語られますが、ご専門の本村先生はどのようにお考えですか。

パンとサーカス——本村

パンとサーカスの前に、ローマ帝国の滅亡について述べておきたいことがあります。滅亡や崩壊というと、アレクサンドロス大王のペルシャ帝国焼き討ち、カルタゴの一週間炎上、オスマン帝国の侵略によるビザンツ帝国（東ローマ帝国）の崩壊などの、ドラマティックでドラスティックなイメージを持ちます。

しかし、ローマ帝国の滅亡は、ゲルマン民族が侵入したりキリスト教が普及したりという過程のなかで、一五〇〜二〇〇年くらいかけて起こった現象です。ローマ帝国はすこしずつ国のかたちを変えながら衰退していったのです。ローマ帝国の滅亡は偉大な老人の死であり、その死に方もごく自然な老衰というのが妥当なのです。

さて、パンとサーカスについて。「パクス・ロマーナ」と言われ、繁栄を謳歌していた五賢帝時代の前半（一世紀後半〜二世紀初頭）、風刺《ふうし》詩人ユウェナリスはローマ社会の世相を、「われわれは国政に対する関心を失って久しい。今のローマ市民たちはたった二つのことだけに気を揉《も》んでいる。パンとサーカスだ」と揶揄《やゆ》しました。

ローマでは、皇帝が登場する一〇〇年以上前から、一部の貴族が宴会を開くというかたちで、食物を振るまっていました。神々に生贄《いけにえ》として捧げた動物の肉を焼いて提供することもありました。民衆への人気取りであり、自分たちの支配を正当化するための手段でもありました。

これがだんだんとエスカレートしていき、有力な元老院貴族や富裕層が、穀物を提供するようになります。その見返りは、公職選挙の「票」です。公職とは、執政官や属州総督など国政や軍事にかかわる役職のこと。当然、ローマ市民は待遇の厚いほうを支持しますから、最終的には無料で支給されるようになりました。そして帝政期に、提供物が小麦粉に統一されたため、「パン」と言われるようになったのです。

パンの支給が無産市民の救済になっていたことは事実ですが、福祉とは違います。大規模な穀物支給はローマの街に住む市民だけで、それ以外では行なわれませんでした。「票」という見返りが期待できないからです。

帝政期、支給が定期化され、制度化が図られます。一家族でひとりの受給者がいれば、五～六人の家族なら十分に食べていけました。結果的には、ローマの街に住む市民のほぼ全員がこの恩恵にあずかることができたのです。

やがて、生活に困らない人々が、支給された小麦を半ば公然と換金するようになっていきました。

娯楽と統治——本村

実は、パンよりも重視されたのがサーカスです。サーカスも、五賢帝時代以前から行なわれていました。サーカスとは見世物《みせもの》の総称です。その代表的なものが、剣闘士試合と戦車競走です。

権力者は、支配のために自分の力を見せつけるには、個人を喜ばすパンよりも、集団を満足させるサーカスのほうが有効であることをわかっていました。今のように、さまざまな娯楽がある時代ではありません。娯楽を提供すること自体が、大きな意味と力を持っていたのです。

パンの支給があまり行なわれなかった地方都市でも、サーカスは盛んに催《もよお》されています。地方都市でも公職選挙はありましたが、ローマの街で行なわれる選挙とは違い、立候補制ではありませんでした。皆でなんとなく「あの人がいいのではないか」と推薦し、その人が承諾することで選出されるというものです。

実際は、公職に就きたい人が事前に根回しをして、推薦人を集めます。選挙の前になると、人気取りのために競い合ってサーカスを開催するのです。

ポンペイの遺跡の落書きに、当時の地方選挙のポスターが残っています。剣闘士興行の告知でもあるのですが、「○○さんを推薦します」と大書《たいしょ》されていて、肝心《かんじん》の興行については小さく書かれているだけです。「この興行は俺が提供しているのだぞ」と名前を売っているわけです。

カエサルも、盛んに興行を打ちました。その資金は借金です。カエサルは借金の天才と言われていました。回収できる力があるからできることで、貸すほうも彼を信頼していました。彼の時代、ローマはカルタゴ、ギリシア、マケドニアを滅ぼして豊かになっていました。それだけに、権力闘争も激しくなっています。それに勝ち抜くため、カエサルは借金をしてまで、ローマ市民の歓心を買わざるを得なかったのです。

いっぽうで、食料に困らなくなったローマ市民は、次第に「支配者たるものは市民に娯楽を提供する責務がある」と主張するようになります。皇帝や為政者たちは競馬場、競技場、円形闘技場を建設し、剣闘士試合や戦車競走などの見世物を提供し、ローマ市民を熱狂させます。

持てる者がみずからの権威・権力を保つために、持たざる者に与える――これがローマにおけるパンとサーカスだったのです。

私は二〇〇八年三月末、アラブ首長国連邦で開催された国際競馬レース・ドバイワールドカップを観戦しましたが、これこそパンとサーカスの現代版ではないか、と思いました。

ドバイワールドカップは、ドバイの首長シェイク・モハメド殿下が創設したレースで、世界最高賞金を誇ります。競馬場の観客席はイルミネーションに彩《いろど》られ、頭上ではグライダーが飛ぶ航空ショーが行なわれます。きわめつきは、レース前半と後半の間とフィナーレで盛大に打ち上げられた花火です。

そして、殿下が大観衆の前に現われると、まさに「この見世物はあの人が開いてくれた」と言わんばかりの大歓声が上がります。古代ローマでもきっとこのような感じだったのだろうと、妙に納得してしまいました。

原敬が見抜いた、ポピュリズムの危険性――御厨

日本政治史学では、大正デモクラシーはポピュリズムか否《いな》か、という議論があります。大正デモクラシーとは、一九一〇年代から一九二〇年代にかけて起こった政治・社会・文化などにおける民主主義の発展、自由主義的な運動・風潮・思潮の総称です。

背景には、第一次世界大戦を機に世界的に高まったデモクラシー（民主主義）対オートクラシー（専制主義）の余波、藩閥《はんばつ》支配の衰退、政党内閣の出現、大正デモクラシーの政治理論となった吉野作造《よしのさくぞう》（東京帝国大学教授）の民本主義《みんぽん》などが認められます。

総合雑誌「中央公論」「改造」が、大正デモクラシー時代の言論をリードしたこともあり、国内外の秩序に、以前とはまったく違うものが生まれるのではないか、という期待も相乗効果となって、こうした現象が起きたと考えられます。

大正デモクラシーには、自由民権運動と同じく民衆の息吹《いぶき》という側面もあります。その

息吹は、近代日本が経験するはじめての大規模な大衆闘争・米騒動を起こしました（一九一八年）。一道三府三五県で発生、およそ七〇万人の参加者があったと伝えられています。米屋に安売りを要求し、米の投機商人、米穀取引所、高利貸、地主などが襲撃されたこの蜂起《ほうき》は、事前になんらの組織もなかった自然発生的なものでした。

米騒動によって、藩閥を後ろ盾《うしろだて》とした寺内正毅《てらうちまさたけ》内閣は崩壊、立憲政友会《りつけんせいゆうかい》（政友会）総裁の原敬《はらたかし》によって、本格的な政党内閣が組織されることになりました（一九一八年）。

これまで、首相には爵位《しゃくい》（公《こう》爵・侯《こう》爵・伯《はく》爵・子《し》爵・男《だん》爵）を持つ者が、天皇の任命によって就いていました。対して、原は爵位を持たず、国民が選ぶ衆議院議員からはじめて就任した首相でしたので、「平民宰相」と呼ばれました。さらに、原内閣は陸軍大臣、海軍大臣、外務大臣以外の閣僚に、政友会の党員が就いたことから、本格的政党内閣と言われました。

このように、「庶民的」「進歩的」イメージがある原ですが、彼は米騒動を、民衆の強要による社会組織の破壊と受け止めていました。元老でゴリゴリの保守派である山県有朋と同じく「民衆は危険である。彼らの思い通りにさせていたらこの国はもたない」と考えていたのです。ポピュリズムの危険性を看破《かんぱ》していた、と言えなくもありません。

米騒動の八年前には社会主義者・幸徳秋水《こうとくしゅうすい》らによる大逆《たいぎゃく》事件（明治天皇暗殺を計画したとされる事件）、五年後には無政府主義者・難波大助《なんばだいすけ》による虎《とら》ノ門《もん》事件（昭和天皇が皇太子時代に狙撃《そげき》を受けた事件）が起きています。

これらの事件は、「日本人には天皇を害するという思想はない」と信じていた支配者層に衝撃を与えます。このため、当時の政治家は、国民に過大な政治的権利を与えてはいけないと考えるようになりました。

原内閣は普通選挙の実現を要求する運動（普選運動）が高まると、時期尚早《しょうそう》としてこれを退けます。当時、選挙権には、納税額による制限が設けられていました。それを撤廃して原則、すべての成年者に選挙権を与える普選を実施すれば、民衆のうねりに巻き込まれる、政府に反対する勢力が大きくなると見ていたのです。

しかし、原は選挙権の拡大には賛成で、選挙法を改正しています（一九一九年）。納税資格を直接国税一〇円以上から三円以上に引き下げて、選挙権を大幅に広げました。そして、小選挙区制へ制度を変更しました。この制度変更の裏事情に関しては、次章で詳しく述べたいと思います。

ヒトラーの手法――本村

大正デモクラシーから時代をすこし下って世界を見ると、ヒトラーのナチズムはポピュリズムか、という問題に行きあたります。

当時、世界でもっとも民主主義的な憲法とされたワイマール憲法のもとで、ヒトラー政権は生まれています。ワイマール憲法は一九一九年、ドイツ共和国の憲法として制定されました。男女平等など人権保障規定の斬新さや雇用面での社会保障、普通選挙導入などを特徴にしています。

ワイマール憲法は、議会制民主主義の定着を目的に制定されたのですが、選挙に比例代表制を採用したことで、小党分立による政党政治の混乱をもたらしました。ナチス（国家社会主義ドイツ労働者党）台頭の一因と考えられています。

第一次世界大戦で、ドイツは巨額の賠償金を負います。それによって財政破綻《はたん》を引き起こし、ハイパーインフレが進行して、ドイツ経済は崩壊しました。ドイツ政府は一九二三年、旧通貨の実に一兆倍の交換レートとする臨時通貨「レンテンマルク」を導入し、ハイパーインフレを収束させます。しかし、アメリカから始まった世界恐慌（一九二九年）によりドイツ経済はふたたび崩壊、ドイツ国民の不安・不満は頂点に達するのです。

これを背景に、ベルサイユ条約（ドイツと連合国で締結された講和条約）の破棄による賠償金支払い拒否、独占的企業の国有化や地代の廃止など社会主義的な政策を掲げたヒトラー率いるナチスが、労働者の熱狂的な支持を得ました。

その後、一九三三年に首相に就任したヒトラーは、政府に無制限の立法権を付与する「全権委任法（正式名称・民族および帝国の困難を除去するための法律）」を制定、ワイマール憲法を事実上の停止に追い込みます。

野党やメディアから非難を受けた、麻生太郎《あそうたろう》副総理の「（日本の憲法改正も）ナチスの手口を真似たらどうかね」との発言（二〇一三年七月）は、この全権委任法制定を指してのものです。

ヒトラーの経済政策は、まさにポピュリズムそのものです。ヒトラーは大不況に国民が喘《あえ》ぐさなかに政権を取ります。それまでの政府は、世界恐慌に見舞われていたにもかかわらず、財政赤字を補《おぎな》うためにデフレ政策を取っていました。国民は困窮、失業者が全労働者数の三分の一にあたる六〇〇万人にまで膨《ふく》れ上がっていました。

ヒトラーは、雇用創出のためのアウトバーン（高速自動車道）建設をはじめとした公共事業を推し進めます。そのほか、中高年の優先的雇用、大規模店の出店制限、価格統制による物価の安定、農家保護など、弱者に寄り添うと言うべきか、弱者の歓心を買うためと言うべきか、ありとあらゆる経済政策を打ち出していきました。

その結果、三年で失業者を恐慌以前の一六〇万人にまで減らし、経済を回復させたのです。これにより、労働者はもちろん経営者など富裕層まで、ヒトラーを評価するようになったのです。

皇室スキャンダル――御厨

ここからは、日本の戦後政治とポピュリズムについて論考していきますが、その前に、「ポピュリズム的なるもの」に触れておきたいと思います。私は、わが国の天皇と国民の間にある紐帯《ちゅうたい》は、ポピュリズム的なるものと考えています。

太平洋戦争の敗戦国・日本は莫大な賠償金を科されることなく、天皇制も維持しました。これによって、日本はソフトランディングができたのです。もし、昭和天皇に戦争責任を負わせたり天皇制を廃したりしたら、莫大な賠償金を科せられるより、国民はもっと身を切られるような思いをしたはずです。

昭和天皇は、神奈川県川崎市《かわさきし》の工場を皮切りに、敗戦の翌年（一九四六年）から八年かけて、全国を巡幸《じゅんこう》（天皇が各地を回ること）しました。敗戦によって打ちのめされ、虚脱状態だった国民を慰め、はげまされる旅でした。当初、侍従《じじゅう》たちは石を投げられるのではないか、罵詈雑言《ばりぞうごん》を浴びせられるのではないかと危惧《きぐ》しましたが、昭和天皇は石を投げられても行くと、その覚悟に揺らぎを見せませんでした。

幸いにもそれは杞憂《きゆう》に終わり、工場の士気が鼓舞《こぶ》されて生産性が上がったと言われています。一週間後の東京巡幸では都民の温《あたた》かい対応があり、入江相政《いりえすけまさ》侍従は日記に、「これで天皇と天皇制は救われた」と欣喜雀躍《きんきじゃくやく》して記しています。その後も、各地で大歓迎を受けました。

戦前では考えられなかったことですが、昭和天皇は国民と直《じか》に触れています。たとえば、天皇が近寄ってきたおばあさんと一緒に歩いている写真が残されています。テレビが普及すると、天皇一家の様子が、絶えずお茶の間に届けられました。このことも、天皇制を支える一因になりました。ポピュリズムには、スキャンダリズムという一面があります。現在でも、おもに女性週刊誌が皇室のスキャンダルを扱っています。これも、天皇、皇室と国民の紐帯のひとつになっているのです。

さらには、天皇自身がメディア化していると言えなくもありません。その最たるものが、第一章でも述べた、今上天皇の退位メッセージです。

田中角栄と政治の大衆化──御厨

戦後政治でポピュリズムの申し子と言えば、田中角栄《たなかかくえい》です。誰でも被選挙権が得られる時代でなければ、彼は絶対に代議士になれませんでした。

戦前の帝国議会では、貴族院は爵位を持つ華族や高額納税者、そして高級官僚出身者しか議員にはなれませんでした。衆議院は選挙によって選ばれる建前ですが、実際には地元の名士や政党有力者が牛耳《ぎゅうじ》っていました。

小学校卒で土建業の彼が「これからデモクラシーの時代だから、俺は代議士になる」と言えたのは、戦後になって政界進出のチャンネルが広がったからです。

田中は一九四七年四月、日本国憲法公布後の最初の総選挙で代議士になります。まさに、戦後政界の〝一期生〟です。

鋭敏な田中は「土木をいかに政治にするか」と考え、実行していきます。一九四八年に設置されたばかりの建設省（現・国土交通省）と組み、土木事業を政治課題にしていくのです。こんなことは、誰も考えません。田中はほぼ毎日、建設省に行くと、比較的年齢が近く実務に携《たずさ》わる課長クラスのところに顔を出していました。この頃は、まだ「族議員」はいません。田中の発想も行動も抜きんでていたのです。

田中が本当の政治権力を理解するのは、時の首相・岸信介《きしのぶすけ》による郵政大臣抜擢《ばってき》（一九五七年）からでしょう。当時、「三流官庁」と言われていた郵政省（現・総務省）管轄の放送局への許認可権が、利権につながることを見出すのです。その後、重要閣僚ポストを歴任し、各省庁に生まれる利権を利用しながら、一九七二年、内閣総理大臣にまで上り詰めました。

田中には、故郷・新潟の経済を引き上げて、当時「裏日本《うら》」と呼ばれた日本海側が、太平洋側（「表日本《おもて》」）に対抗できるようにしたいという願望がありました。自分の選挙区を大事にして、毎日、東京目白《めじろ》の自宅に新潟からの陳情団を受け入れていました。

関東と新潟を結ぶ関越自動車道を通し、トンネルもつくっています。小千谷《おぢや》市の塩谷《しおだに》トンネルは、「角栄トンネル」と言われています。開通式にやってきた彼は道路に耳をつけて、「トラックが来たぞっ」と大声を上げます。「ここを掘ったのは俺だ」というパフォーマンスです。

田中は補助金を取れるだけ取って、土木事業に注ぎ込みました。それができたのは、戦前の国家予算の六割を占めた軍事費が戦後なくなったからです。取れるところから天井なしで取る、というのが彼の発想です。

田中の演説に、ポピュリストとしての真骨頂《しんこっちょう》を見ることができます。土地投機問題で非難されているさなか、支持者に訴える演説が録音されて残っています。

「私が何をやろうとしているかというと、過疎と過密の同時解消だ。そのため日本列島改造論というものがある。だから、ちょっとやそっと土地投機しようが何をしようが、最終的にこの国は裏（日本）も表もない。どこに行っても平等だ。そういう国をつくろうとしているのだから、たいしたことないじゃありませんか」

言っていることは矛盾《むじゅん》しているのですが、聴衆からは万雷の拍手です。最後の「たいしたことないじゃありませんか」で、ワーッとなるのです。

政治がテレビのワイドショーネタになるようになってから、政治はポピュリズム的に消費されていきます。言わば「政治の大衆化」です。そのきっかけになったのが、田中のロッキード事件（一九七六年に発覚した、アメリカ・ロッキード社の日本への航空機売り込みにからむ贈収賄事件）です。

事件に関与したとされる田中の秘書の元妻・榎本《えのもと》三恵子《みえこ》が証言者として登場したことで、ワイドショーやスポーツ紙が、芸能ネタと同じ感覚で政治ネタを扱うようになったのです。

彼女は「蜂《はち》の一刺《ひとさ》し」発言で一躍、時の人になりました。「蜂の一刺し」とは、夫に不利な法廷証言を行なった心境について語った「蜂は一度刺したら命を失うと申しますが、人を刺すという行為で私も失うものが大きいと思います」から生まれたもので、当時の流行語になりました。

貴種ポピュリスト細川護熙――本村

ポピュリズムは、「ブーム」や「風」をつくります。政界の代表的なブームと言えば、一九九〇年代はじめに熱狂的支持を得た、細川護熙《ほそかわもりひろ》首相と彼が率いた日本新党です。

細川は見た目がよく、国際会議で娘から借りたマフラーを巻いたり、記者会見ではペンで記者を指名したりするなど、ファッショナブルな総理大臣でした。また、日本人はえて出自《しゅつじ》にこだわりますが、彼は旧熊本藩主の細川家第十八代当主であり、元首相・近衛文麿の孫にもあたり、申し分ありませんでした。

日本新党は、既成の政治を打破することを掲げて結成されましたが、実際は、細川の個人的な人気や人脈、資金力に頼った政党です。また、細川が首相に上り詰める過程は、従来とはまったく違っていました。

彼は一九六九年の衆議院議員選挙で落選後、一九七一年の参議院議員選挙で初当選、政界デビューをはたします。当選後は、田中角栄の派閥・七日会《なのかかい》に所属します。その後、一九八三年に熊本県知事に転出しますが、二期で退任。一九九二年に日本新党を結成すると、衆議院議員として国政に戻ります。この時、日本新党は細川を含め、当選四人でした。

しかし、翌一九九三年の東京都議会議員選挙で、日本新党は二〇人を当選させて「日本新党ブーム」を起こすと、勢いそのままに翌月の衆議院議員選挙では三五人が当選します。このなかには、現・東京都知事の小池百合子《こいけゆりこ》も含まれています。

国政からいったん地方に出て、また国政に戻り、成功を収めた政治家は細川だけです。しかし、国政に戻ってきた時、細川は首相になりえるはずもありませんでした。しかし、自由民主党（自民党）が分裂し、同党が政権を維持してきた五五年体制の崩壊という「乱世」に、小沢一郎《おざわいちろう》（当時、新生党の代表幹事）が彼を担《かつ》いだために、非自民連立政権・細川内閣が誕生したのです（一九九三年）。

細川の例は、この国では出自が大衆人気の大きな要素になることを示しています。彼の祖父である近衛文麿も、天皇家から養子をもらった、五摂家筆頭の近衛家の第三十代当主でした。

古来、日本人には「貴種」への憧憬《どうけい》、敬意が存在しています。貴種とは、高貴な家柄や古くから続く名門の出の人を指します。数代続いている政治家一家を指すこともあります。日本人が出自にこだわるのも、この心理によるものでしょう。小沢が細川を選んだのも、この心理を知ったうえでのことではないかと思います。

敵を可視化した小泉純一郎——御厨

ブームを起こした細川は、金銭スキャンダルが浮上してあっさりと辞めてしまいました。そのスキャンダルを急先鋒となって追及していた野中広務《のなかひろむ》が、のちに「あの程度のスキャンダルで辞めるなんて考えられない」と語っています。彼の殿様気質からすれば、嫌になったから辞めたというのが妥当なのかもしれません。これは、政権を投げ出すようにして首相を辞めた近衛と酷似しています。

いっぽう、風に乗ったのが小泉純一郎です。正しく言えば、みずからが風を起こして、その風を追い風にして乗ったのです。小泉は一九九五・一九九八・二〇〇一年に自民党総裁選に出馬。三度目の正直で総裁に選ばれ、首相の座を射止めました。

のちに、私が小泉に二度の総裁選出馬について尋ねたところ、「俺は『泡沫候補《ほうまつこうほ》』と言われたけれど、出てよかった。なぜなら地方遊説をすると、大衆が総裁に何を求めているかが実感できる。一代議士《いちだいぎし》であったら、絶対にわからない。それを二回行なったことで勘がついた」と言っていました。

その言葉通り、小泉は三度目の総裁選では、議員票固めに注力する橋本龍太郎《はしもとりゅうたろう》陣営を尻目に、全国を回り、地方票を固めていきます。この戦略が、彼の言うところの勘なのでしょう。実際、彼の勝利は圧倒的な地方票によるものでした（小泉＝議員票一七五＋県連票一二三＝二九八、橋本＝議員票一四〇＋県連票一五＝一五五、麻生太郎＝議員票三一＋県連票〇＝三一）

のちに、彼は郵政解散（二〇〇五年の衆議院議員選挙）に打って出ますが、この時の大勝利も、圧倒的な地方票によるものです。地方から吹く風に乗ったのです。

小泉は、テレビを使ってのイメージ戦略に長《た》けていました。「ワンフレーズ・ポリティクス」と言われた短い言葉の多用ですが、街頭演説をそのまま国会に持ってきたものです。ワンフレーズだと、テレビのテロップにちょうど一行で収まるのです。そして、耳に心地よいスローガンをワンフレーズで絶叫して、世論の支持を得ていきました。テレビを政治との接点にして、ポピュリズムの効果を増幅させていったのです。ここに、彼の天才性を感じます。

首相になった小泉は、「俺は大統領的首相だ」と言い出します。自分は全国広く、地方の投票で選ばれたから大統領と同じなのだというのが、彼の論理です。そして、「これからの総理大臣は、そうでなくてはいけない」とも言い、首相公選を考える研究会をつくりました。

小泉は異端者としてトップに上り詰め、ポピュリスト的なスタイルで支持を集めていきました。みずからが進める政策「聖域なき構造改革」に反対する自民党内の族議員、官僚、関連団体、野党、マスメディアをまとめて「抵抗勢力」と呼び、敵として可視化し、戦う姿勢を強力に押し出したのです。

大衆人気は改革を進める原動力になりますが、国民の負担につながるようなことは、人気を気にして先送りするという副作用もあります。小泉は「任期中は消費税の引き上げはしない」と断言します。

彼は、とてつもなく強い首相でした。彼のリーダーシップで消費税論議を進めるべきだとの声も少なくなく、「消費税増税から逃げた」と批判されました。私もそう思います。

ワンフレーズを多用したカエサル――本村

「演説の名手」と言われたカエサルも、ワンフレーズを多用しました。カエサルは演説で市民や兵士に語りかけ、彼らの絶大な支持を得ています。その技量は、「短い台詞《せりふ》で人の心をつかむのがうまい」と、ローマ最高の雄弁家であり哲学者・政治家のキケロでさえ一目、置いたほどです。

十九世紀ドイツの歴史家テオドール・モムゼンは、著書『ローマ史』において、カエサルの巧みな人心掌握術を記しています。

ガリア遠征（紀元前五八～同五一年）の末期、長く続く戦いに、ローマ軍の兵士たちの間に厭戦《えんせん》気分が蔓延《まんえん》、「戦いをやめるか、給料を上げるか」と反乱寸前となったことがあります。幹部たちが説得にあたっても、いっこうに収まりません。幹部たちの要請で、カエサルは兵士の前に出ていきました。

カエサルはいつも「戦友諸君」と呼びかけるのですが、この時は「ローマ市民諸君」と冷淡な言い方をしました。兵士たちは、カエサルが自分たちに心理的距離を置いたことを感じ取り、ショックを受けます。カエサルとの縁が切れたかのような呼びかけに、自分たちは他人扱いされたと感じたのです。彼らは「カエサルのもとで戦いたい」と口々に叫び乞《こ》います。泣き出した兵士もいました。気がつけば、従軍拒否も給料の値上げも、どこかへと消し飛んでいたのです。

小泉首相がローマ史やカエサルについて勉強したのかはわかりませんが、大衆社会になればなるほど、人に何か伝える時、ワンフレーズが効果的になります。

私は毎夏、ヨーロッパに一カ月ほど滞在するのですが、イギリスのBBCのニュースを見ていて感心するのは、議員がテレビカメラの前で、質問にワンフレーズではなく丁寧《ていねい》に対応していることです。きちんと答えられないと、議員としての資質が疑われるからです。日本の場合、国民が関心を持っている問題でも、議場から出てくる議員は、メディアの取材を避けようとします。政治文化の大きな違いを感じます。

日本人には、対話すること、相手の質問にきちんと答えることが自分を鍛えることだという発想がないのかもしれません。相手が邪悪な心を持って自分を貶《おとし》めにきているから、うっかりそれに答えたら大変なことになると思っているのでしょう。質問にはきちんと答える。これは政治家の基本姿勢だと思います。

橋下徹と小池百合子の失敗——御厨

近年のポピュリズム政治の主役となったのが、橋下徹《はしもととおる》元大阪市長と小池百合子東京都知事です。

橋下の本職は弁護士ですが、テレビ番組「行列のできる法律相談所」でタレント活動をしていました。その際、司会の島田紳助《しまだしんすけ》に鍛えられ、瞬時に対応できる能力を磨《みが》きます。その能力を大阪府知事選に持ち込み、二〇〇八年に当選をはたすのです。

それまで大阪府知事や大阪市長には労働組合が容認する人か、あるいは組合利益を尊重する人でなければなれませんでした。そこに異議を唱えたのが、橋下です。しかし、教育問題を改革しようと知事になった橋下は、自分の不勉強を思い知ります。教育行政の多くは市役所が担《にな》っています。それを知ると、二〇一一年に市長へ転出。橋下にはしがらみのない分、気軽に転身できるのです。

橋下はさまざまなことに挑《いど》み、反対勢力と戦い、ドラマを見ているかのような快進撃を続けました。彼はトランプ大統領と同じく、本音として、時に暴言を吐きます。これは、他人ができないことをやるという姿勢を見せるために用いる、ポピュリズム的な手法です。

橋下は地域政党・大阪維新の会とともに「大阪都構想」を打ち出します。しかし二〇一五年、住民投票で否決され、同年末に市長の任期満了を迎えると、政界から引退しました。

大阪市民が橋下を支持したのは「大阪都構想」ではなく、おそらく批判されても政界の非常識や役人たちの抵抗と真っ向から戦う姿だったと思います。彼は「風の質《しつ》」を読み違えたのです。

それ以前にも、彼はもうひとつ失敗を犯しています。二〇一二年に日本維新の会を結成、東京都知事を任期途中で辞任していた石原慎太郎《いしはらしんたろう》と組み、国政への進出をうかがったことです。石原には「右」的なイメージが強く、改革派のそれはきわめて薄いと言わざるを得ません。石原がもたらすイメージが、大阪都構想の住民投票の結果にも大きく影響したと想像できます。

橋下は二重の失敗をして、政治の世界から身を引きました。復帰の可能性がないとは言えませんが、私はしばらく出てこないと見ています。

小池百合子という政治家を一言で表わせば、「劇場型ポピュリスト」です。二〇一六年の東京都知事選、二〇一七年の東京都議会選で圧勝した彼女は、「風よ、ふたたび」とばかりに政権獲得を目指し、二〇一七年に希望の党を創設して衆議院選に打って出ます。しかし、希望の党は大惨敗を喫《きっ》しました。

東京都知事選では、小池はメディアを利用して、自分が自民党からいじめられているように演出します。小泉にならって、敵を可視化し対決色を鮮明にしたのです。しかし、衆院選では自身が放った「排除いたします」の一言で、皮肉にも、自分が立憲民主党の敵になってしまいました。

小池は、熊本県知事から国政に戻って都議会選挙で躍進、その余勢を駆《か》って首相に上り詰めた細川護熙の成功例を夢見たのかもしれません。しかし、細川との決定的な違いは、小沢一郎のようなキングメーカーがいなかったことです。

しかも、「政権選択選挙」などという、とんでもない勘違いをしています。これはメディアも同様で、選挙戦開始から二日間煽《あお》りに煽りました。その熱狂を見ていた私は、首を傾《かし》げていました。自民党はなんだかんだ言っても、海千山千《うみせんやません》の老舗《しにせ》。かたや、希望の党は事務局もなければ選挙組織もない状態。よく「政権選択」と言えたものだ、と。これは小池のみならず、メディアにも、細川政権誕生や二〇〇九年の民主党による政権交代のイリュージョンがあったからでしょう。

細川の日本新党も当時、確固たる組織があったわけではありません。しかし、当時の最大の課題は政治改革でしたから、その流れに乗って各野党が非自民で結集し、小沢の力を得て細川政権が樹立されたのです。しかし、小池が挑んだ選挙には、明確な争点がありませんでした。風は吹いていなかったのです。

それにしても、なぜ小池は、国政に進出しようとした橋下と同じ轍《てつ》を踏んだのかがわかりません。

東京都知事は石原慎太郎、猪瀬直樹《いのせなおき》、舛添要一《ますぞえよういち》と三代続けて任期を全《まっと》うしていません。

さらに、都政の重要課題である築地《つきじ》市場移転問題が進捗《しんちょく》しない、オリンピック・パラリンピックの準備も順調ではないといった状況を、小池は抱えています。そのようななかで、都知事が国政に出ることをよしとする都民はいないでしょう。小池は自分で逆風を巻き起こし、自滅したのです。

日本に、トランプ大統領は出現しない――御厨

本懐《ほんかい》を遂げるために、ポピュリズムを撒《ま》き餌《え》にして政権基盤を固めたのが安倍晋三です。

安倍は二〇〇六年に首相に就任するも、不本意ながらも一年でその座を降ります。しかし、二〇一二年に自民党総裁に復帰すると、同年の衆議院議員選挙で圧勝、民主党から政権を奪還しました。そして、戦後は吉田茂《よしだしげる》以来となる首相再就任をはたすのです。

この五年間、復活した安倍を見てきて感じたのは、彼より「右」の有力政治家がいないことです。安倍以前は、右寄りの政治家は首相になるのは難しいというのが、自民党の常識でした。右は危ない、という共通認識が存在したのです。憲法改正論者で「タカ派」の

中曽根康弘《なかそねやすひろ》ですら、一九八二年の総裁選では発言をトーンダウンさせ、当時の最大派閥・田中派の協力を仰《あお》いでいます。

安倍はそのことを理解していますから、最初から保守色《カラー》全開ではなく、小出しにしました。スタート時に、「アベノミクス」と名づけた経済政策をぶち上げ、支持層を固めます。その後、本丸《ほんまる》である安全保障、憲法改正の問題を出したり引っ込めたりしながら風向きを見ていました。そして二〇一五年、集団的自衛権の行使容認を含む安全保障法制の関連法案を閣議決定するのです（193ページで詳述）。

安倍の本懐とは、日本国憲法の改正であり、戦後の占領体制の改革・改変です。しかし、自民党内で、安倍のイデオロギーを支持する者は多くはありません。彼も簡単に決められるものではないことをわかっていますから、牙《きば》を隠して牽引役《けんいんやく》に徹しました。

安倍は、「自分はマイノリティだ」と自己規定しています。「マイノリティは常に言い続けないと、皆を引っ張っていけない」とも言っています。とにかく前に出ていることが重要だと思っている安倍を、私は「前衛」と評しています。

彼は、フロントに立っている前衛は勢力が少なくても精鋭であればいい、そのままマジヨリティになる必要はない、と考えたのです。前衛が「何も考えないマジョリティ」を先導していけば、やがて自民党も世の中も変わってきます。「安倍を認めよう」という空気が充満するのを待ったわけです。扇動することなく、地ならしをして、自民党をゆっくりと右旋回させた不思議な政治家です。

安倍を見ていると、日本にはトランプ大統領のような過激な政治家は出ないと感じます。日本人は過激や急進よりも「緩《かん》の精神」を好むように思うからです。

安倍晋三の復活劇を支えたもの——本村

安倍の復活は、自民党議員の間に貴種への心理が大きく働いたから成立したのではないでしょうか。

私は、源頼朝《みなもとのよりとも》の平家《へいけ》打倒——源氏《げんじ》の嫡流《ちゃくりゅう》という貴種のもとに関東武士軍団が結集し、平家の専制支配を倒した事例——を思い起こします。「平家にあらずんば人にあらず」の世で、源氏は不遇をかこち、頼朝も京の都《みやこ》から伊豆《いず》に流されていました。その現状を打破するために彼らは立ち上がったのです。

いっぽう、首相だった祖父・岸信介、いずれは首相と目されるも急逝した父・安倍晋太《しんた》郎《ろう》に続く、三代目の安倍は政治家的な家系で言えばエリート、すなわち貴種です。

二〇〇九年、自民党は民主党に政権を奪われて三年間、下野《げや》しています。自民党の議員にとって、野党生活は堪《こた》えたに違いありません。それまで官僚や陳情団でごった返していた党本部や各議員の事務所には、閑古鳥《かんこどり》が鳴きます。政治献金も思ったように集まらない。政権を失う悲哀を、まざまざと味わったわけです。

ならば、自民党がひとつにまとまり、打倒民主党を何がなんでもはたさなければならない。政権を取り戻したとしても、また奪われては意味がない。その期間ができるだけ長くなければならない。そして、安倍という貴種のもと、政権復活を旗印《はたじるし》に、自民党議員が結集したのです。これも、狭義のポピュリズムと言っていいでしょう。

とはいえ、人間の心理は複雑、微妙です。昨日まで「仲間」だった議員が総裁になれば、嫉妬《しっと》の感情が湧いてきます。親分・子分の関係になることにも抵抗がある。結束どころの話ではありません。しかし、自分とはそもそも異なる貴種であれば、嫉心《しっしん》も抑えられる。少なくとも、憎悪にまでは至らない。

安倍は復活をかけて総裁選に臨《のぞ》みましたが、一度失敗しており、その能力が疑問視されたはずです。それでも、地方票で圧倒的な差をつけられた石破茂《いしばしげる》に、議員票を集めて逆転勝ちをしました。これは、小泉純一郎が地方票で逆転した事例とは、真逆になります。議員たちは、仲間より貴種を選択したのです。

安倍の首相在職日数は、第一次内閣を含めると二三〇〇日を超え（二〇一八年六月時点）、佐藤栄作《さとうえいさく》（二七九八日）、吉田茂（二六一六日）、に次ぐ戦後第三位まで伸ばしています。

安倍が賞味期限切れになった時、新たな貴種が現われなければ、ふたたび自民党内に抗争が生まれるかもしれません。

ポピュリズムと民主主義の違い——本村

日本のニュース映像では、トランプ大統領の一部分を切り取ったものしか見られませんが、イギリスのＢＢＣニュースはわりと長く扱っています。そうすると、日本人が持つイメージとは違い、彼がけっこう説得的な発言をしていることがわかります。彼の話を聞くアメリカ人が、それなりに納得しているのだろうなと思えます。

日本のメディアが、ポピュリスト・トランプのイメージをことさらにつくり上げていると言えなくもないのです。

「ニューヨーク・タイムズ」「ワシントン・ポスト」などのメジャー紙は、トランプ批判を展開しますが、中流以下の層が読者対象になるローカル紙は必ずしもそうではありません。そして、トランプ政権は雇用率の低下を問題視して、彼らの支持を得ています。この層は絶対的に数が多く、ここを押さえているかぎり揺るがない、トランプ政権はそう考えているかもしれません。

私が気になるのは、今は沈黙している教養を持った富裕者層の動向です。トランプ大統領は国境に壁をつくろうとしたり、移民を排斥しようとしたりして、アメリカ社会を閉じる方向に向けています。もし、これで経済政策がある程度の成功を収めたら、彼らはどのように動くのか、注目しています。

ヒトラーも最初は労働者の支持を獲得し、権力を掌握すると、それを知識層・富裕者層に広げようとしました。その後、経済政策で成功を収めると、知識層・富裕者層は「反対」の声を挙げなくなりました。挙げづらくなったと言うべきかもしれません。

御厨先生は、日本にトランプ大統領は出現しないと述べられましたが、私はヨーロッパにも現われないと思います。フランスには、右翼のマリーヌ・ルペン国民戦線党首というポピュリストがいます。二〇一七年のフランス大統領選では、エマニュエル・マクロンとの決選投票にまで持ち込みました。しかし、接戦が予想されたものの、ほぼダブルスコアの大差をつけられて敗北しています。

フランス、イギリス、ドイツは近代民主主義をしっかり踏まえていますから、ポピュリストの指導者は誕生しにくいでしょう。特に、今のドイツは政党政治が安定しています。

さきほど、民主主義の本質にはポピュリズムが潜んでいると述べましたが、民主主義もポピュリズムも大衆、とりわけ弱者の欲求や不満をすくい上げる機能を持っています。両者には一見、違いがないように思われますが、ポピュリズムは大衆の政権への不満を利用して政権批判や政治活動を行ないます。その手法は大衆対エリートの対立構図をつくり、前者が善、後者を悪と位置づけます。

大衆の声をすくい上げて時の政権にぶつけるのですから、権力者や指導者の腐敗や特権を強く糾弾することができます。しかし、「民意」として合理性に欠ける政策を行なったり、本当に解決しなければならない政治課題、たとえば消費税増税の問題などを先送りにしたりしてしまいがちです。また、大衆の要求を実現しようとするあまり、反対派を抑圧するなど独裁的な統治が行なわれる危険性もあります。

いっぽう、民主主義は人それぞれの違いを認めて守る仕組みですから、対立ではなく協調によって物事を進めていくことに本義があります。たとえバラマキに見える政策でも、その意図することに合理性があるのか、財源はどうするかを吟味し、その政策が単なる人気取りかどうかを見きわめるのが民主主義政治です。

ポピュリズムは、弱者に近いところから生まれます。彼らの欲求・不満をすくい上げることを、批判的に「大衆迎合」と一括《ひとくく》りにしていいものかどうか。あるいは、彼らの切実な声を政局に利用するのはいかがなものか。私が「ましなポピュリズム」と述べたのは、弱者の声が置き去りにされることを危惧してのことなのです。

日本で、ポピュリズムは生まれるか——御厨

一九九四年、時の細川政権によって小選挙区制が導入されました。この小選挙区制は、ポピュリズムが生まれやすい制度でもあります。

中選挙区制時代、四人区だと理屈上、二五パーセントの得票率で当選します。立候補者数が多ければ、さらに当選得票率のラインは下がります。仮に、そのラインが二〇パーセント前後だとしたら、その有権者の心に届く理念を語ればよかったのです。地味でも、長期的視野に立った政策を訴えることもできました。

ところが、小選挙区制では、過半数を獲得しなければ当選できません。志《こころざし》や理念を捨てて、言わば投網《とあみ》を打つような、あるいは撒き餌になるような、大衆受けする政策を掲げる必要があります。人気取りになる話だけをしていればよいという風潮が、政治家の間に広がっているように感じます。

また、時の政権に対する大衆の不信が強かったり、不満が大きかったりすると、単純明快な政策を掲げて「強いリーダー」を自己演出することができます。いずれにしても、ポピュリズムによって大衆を惹《ひ》きつけるのです。

ポピュリズムか民主主義か。その見分けは難しいですが、こうして検証してみると、ポピュリズムには、いくつかのキーワードがあることがわかります。選挙で「ブーム」「風」「攻撃的」「排他的」「扇動的」「ワンフレーズ」などの言葉が、メディアで飛び交《か》うようであれば、まちがいなくポピュリズムの空気が漂《ただよ》っていると言っていいでしょう。

「マニフェスト」と「コンクリートから人へ」のスローガンを掲げて、二〇〇九年に政権を奪取した民主党は、子ども手当、高校授業料無償化などの政策を打ち出しました。野党となった自民党は、「理念なきバラマキ」「財源はどこにあるのか」「ポピュリズムだ」と攻撃しました。

この批判に対して、きちんと議論を重ねて財源を示すことができず、民主党は前年度より膨れ上がった予算を組まざるを得ませんでした。しかも、公債依存度も一割強も高めたのです。当時、学者もマスメディアも、民主党の「マニフェスト」とスローガンを改革の象徴として煽《あお》っていました。

民主党は野田佳彦《のだよしひこ》の首相の在任時、二〇一二年の衆議院議員選挙で大敗。下野するとともに二大政党制の芽は摘《つ》まれ、二〇一六年に消滅しました。

ポピュリズムか否《いな》か。この問題に、マスメディアの役割は大きいと考えます。ポピュリズムを生み出すのも、マスメディアの加担があるからではないか、と思うのです。

左から、伊藤博文、山県有朋、原敬

第三章　政治と派閥

左から、吉田茂、田中角栄、小泉純一郎

公的集団としての藩閥――御厨

「国内の安定した秩序」と「国益としての外交と国防」、これらを具現化するのが政治という技術です。

しかし、現実の政治状況は、国民の将来への不安を払拭《ふっしょく》できずに、国家的な諸課題が先送りにされています。第二章で、その原因はポピュリズムがもたらした政治の衰弱にあると指摘しましたが、ここでは、その答えを日本の「政党政治の本質」に求めて論じていきます。まずは、近代以降の日本政治を振り返ってみます。

明治維新以降、太平洋戦争前までの国内政治は藩閥政治に始まり、政党政治、挙国一致内閣（政党内閣でも軍部内閣でもないことから「中間内閣」とも呼ばれる）の政治へと移っていきます。藩閥政治は、明治維新の〝勝ち組〟である薩摩・長州・土佐《とさ》・肥前《ひぜん》の四藩、いわゆる「薩長土肥《さっちょうどひ》」が中心になって行なわれました。四藩の間には歴然とした序列があり、薩長を上位に置き、土肥はその下に位置していました。

政府の中枢を占めた薩長は廃藩置県《はいはんちけん》の断行後、新官制において各省の要職を独占、他藩出身者を排斥していきます。特に、陸軍省は長州藩出身者の、海軍省はおもに薩摩藩出身者の牙城《がじょう》となりました。藩閥政治は、軍事力に支えられた権力だったのです。

その特徴は、山県有朋、井上馨、伊藤博文、黒田清隆など藩閥政治家と、その配下にある官僚の独断で行なわれる、専制的政治にあります。「藩閥の専制」「有司《ゆうし》（役人）専制」と非難を受けても、彼らは「藩閥なくして、政治ができるか」と意に介しませんでした。

実際、明治初年代の政治は藩閥出身者でなければ、動かすことが難しかったでしょう。

それでも、大日本帝国憲法（一八八九年に公布）、国会の開設などの功績によって、国民の多くは、藩閥を「公的な性格を持った政治閥」と認めていました。つまり、一種の必要悪であり、私腹を肥やすだけの存在ではない、ととらえていたのです。

私的利益を求めた政党——御厨

一八八一年に国会開設の勅諭《ちょくゆ》が出されると、土佐藩出身の板垣退助《いたがきたいすけ》は一八八一年に自由党を、肥前藩出身の大隈重信《おおくましげのぶ》は一八八二年に立憲改進党を結成します。いずれも藩閥政府から排斥された士族です。

そして一八九八年、憲政党による、日本初の政党内閣と政党政治が誕生します。大隈が首相、板垣が内相（内務大臣）に就く、いわゆる隈板《わいはん》内閣です。この内閣は、政権を取ることを目的に、もともと対立していた自由党（板垣）と進歩党（大隈）が二週間程度の話し合いを経て急遽《きゅうきょ》、合同してできた即席の政権でした。

自由党はフランス流の急進的な自由主義を唱え、進歩党はその前身の立憲改進党が主張した漸進的《ぜんしんてき》なイギリス流の議会政治を掲げ、急激な変革は避けようとする傾向にありました。ちなみに、伊藤、山県らの藩閥はドイツの君主制を範としていました。

隈板内閣は、政治理念や具体的な政策の一致を図ることなくできた政権ですから、内部対立の混乱のため、わずか四カ月で崩壊します。この内閣が短命で終わったことで、政党は党利党略、自分たちの利益のことだけ考える存在であるというイメージが定着してしまいます。現在でも「野合《やごう》」と批判されることが、すでに最初の政党内閣誕生で行なわれていたのです。

いっぽう、政府内にも派閥が存在していました。政府は「超然《ちょうぜん》として政党の外に立ち」という黒田清隆の演説に代表される超然主義ではやっていけないことを悟《さと》り、政党に理解を示す伊藤を軸とした派閥と、あくまでも政党を排斥し、官僚と陸軍を主体に考える山県を軸とした派閥です。

山県は政党を毛嫌いしていました。政党は自由民権運動の系譜から誕生しているため、反政府の色合いが濃かったからです。

隈板内閣のあとを受けて、山県が組閣します。山県は、陸海軍大臣に就任する資格を現役軍人の大将・中将にかぎる、すなわち軍のコントロール下にある人物とする「軍部大臣現役武官制」を定めるなど、政党の影響力を抑えようとしました。

以降、軍部大臣現役武官制は大正期の山本権兵衛《やまもとごんべえ》内閣時に改正されたものの（現役をはずし、予備役でもよいとされた。軍の直接的コントロールが利《き》かなくなる）、昭和期の広田弘毅《ひろたこうき》内閣時に復活します。軍部が大臣を出さないことにより、いくつかの内閣が退陣や組閣断念に追い込まれることになり、のちに軍部の跳梁《ちょうりょう》を許すことになりました。

政党政治の必要性を説く伊藤は一九〇〇年、みずから総裁となって立憲政友会（政友会）を結成します。一九〇二年の衆議院議員総選挙では定数三七六のうち一九一の議席数を獲得、第二位の憲政本党も九五議席を得ています。もはや政府は、議会の多数派を占める政党を説得することなしに、国会運営ができなくなったのです。

政友会を基盤とした伊藤は、明治天皇の反対を押し切り、山県のあとに組閣します。政友会は西園寺公望、星亨《ほしとおる》、原敬らを幹部とし、地主や実業家たちの支持を集め、太平洋戦争に至るまでの四〇年間にわたり、日本の政治史に重要な地位を占め、代表的な政党に発展しました。日本における、政党政治成立の基礎がつくられたのです。

原敬の暗闘——御厨

日露戦争（一九〇四～一九〇五年）後、藩閥の影響力を残したい山県と、政友会の実権を掌握した原との、政治の主導権をめぐる戦いが始まります。

民衆蜂起である米騒動（70ページ）が沈静化したあと、政党嫌いの山県は、もはや原以外に首相の適任者がいないことを、認めざるを得なくなりました。

明治維新をみずからの手で成し遂げたという自負を持つ山県にとって、天皇制国家としての明治政府はみずからと一体と見なすべき存在でした。それゆえに、国民とはあくまでも統治の対象であり、国民の支持をもって権力基盤とする意識は、きわめて希薄でした。政党とは、自分たちが国家の元首として確立した天皇の座を脅《おびや》かし、自分たちがつくり上げた明治国家の根幹を揺るがしかねない存在と考えていたのです。

対して原は、議会を中心として政党政治を日本に定着させようと、藩閥の力を削《そ》いでいきます。これまでの政党を主体にした内閣は、常に藩閥のコントロールを受けていました。

こうしたなかで、西園寺の奏薦《そうせん》で政友会総裁・原が一九一八年、本格的政党内閣を組織します。これ以降、西園寺など元老が指名した人物が総理大臣になるという不文律ができあがります。

第二章でも述べたように、原は衆議院における政友会の圧倒的多数の議席獲得を目指し、選挙権の拡大と小選挙区制への制度変更を行ないます。拡大された有権者の多くは、政党政治を支持する人々です。小選挙区制は現在の選挙でもそうですが、一区の定数はひとりですから、政友会のような大政党に圧倒的に有利な仕組みなのです。

原の目論見通り、選挙制度変更後の衆議院議員選挙で、政友会は地滑《じすべ》り的大勝利を収め、絶対多数の議席を確保します。また、原は山県の牙城である貴族院の取り込みにも成功、原内閣は三年あまりにわたって、政権を維持しました。

平民宰相による利益誘導型政治――御厨

原は山県と藩閥、他の政党を打倒していくうえで、選挙制度の変更だけではなく、利益誘導も重要な戦略としました。これは「積極主義」と呼ばれたもので、鉄道、道路、河川、港湾といった社会インフラを、地方の視点から拡充していく政策を実行していきました。見返りは票、特に地方票の獲得です。

原は警戒していたポピュリズムを、逆に政権基盤の充実、政友会の党勢拡大に巧みに利用したのです。

その典型が鉄道政策です。鉄道の国有化にあたり、線路の幅をめぐって政府と政友会が対立したことがあります。鉄道院（のちに鉄道省、戦後に日本国有鉄道に発展解消）初代総裁・後藤新平《ごとうしんぺい》は、下関《しものせき》から青森までの幹線の標準軌構想を掲げました。標準軌は国際基準で幅の広い広軌《こうき》であり、現行の線路は幅が狭い狭軌《きょうき》でした。標準軌は輸送力やスピード、快適さで狭軌に勝ります。

後藤は南満州鉄道（満鉄）総裁時代、軍需物資を円滑に輸送する目的から、満鉄を標準軌に替えています。日本の統治下になって朝鮮の鉄道は、もともと標準軌を採用していました。後藤は外地と内地での一体輸送を実現するためにも、日本国内の鉄道を標準軌に改める必要があると訴えたのです。

対して、政友会の原は、改軌よりも全国に路線を張りめぐらすことが先決であると異を唱え、低コストで建設が可能な狭軌の継続を強く主張します。そして、原は後藤の次、すなわち鉄道院第二代総裁に就任すると、標準軌計画を中止させました。将来的な安定輸送の充実よりも、鉄道敷設を広げることで地方に利益をもたらし、その見返りに票を獲得することを優先したのです。

後藤の壮大な構想は潰《つい》え、標準軌の採用は四〇年以上も経った一九六四年の東海道新幹線開業まで待たなければなりませんでした。「後藤は明日を語るが、原は今日にしか関心がない」と、のちのちまで語られています。

このように、原政権と与党・政友会の政治は、現在につながる日本の政治の特質である「利益誘導型政治」の構造をつくり上げました。

原政権時代、東京市政疑獄事件、アヘン密貿易事件、満鉄の不正経理事件など、政友会党員が絡んだ汚職事件が頻発《ひんぱつ》しました。利益誘導による党勢拡大で、多くの党員が利権に触れる機会が飛躍的に増えたことが、政治腐敗を招いたのです。

以降、「自分の利益しか考えていない政党の体質」が日本における政党政治を貫《つらぬ》き、政党政治の成熟を阻《はば》むことになります。

原内閣は、政権末期にはすっかりダーティーなイメージがつきまといます。原自身は清貧でしたが、政友会の強引な政治運営は、多数党の横暴との批判を浴び、平民宰相・原敬は一九二一年に暗殺されました。暗殺の場所が東京駅というのも、因縁めいています。

原暗殺から三カ月後、元老・山県が息を引き取ります。二人の退場で、政党と藩閥の二大勢力体制は終焉を迎えました。

言論の府が機能しない理由——本村

日本では、なかなか政党政治が根づかないと言われます。御厨先生が述べた、利益を求める政党の体質以外にも、政党政治の成熟を阻む要因があるのではないでしょうか。ローマ史を研究する私から見ると、日本と欧米では弁論術の根づき方が違うように感じます。『テルマエ・ロマエ』などの著作を持つ、漫画家のヤマザキマリさんから聞いたのですが、彼女は一七歳でイタリアに渡り、美術学校入学前に必死になってイタリア語を学んだそうです。その理由を、彼女はこう言っていました。「言葉が不自由では、学校に行っても議論についていけませんし、なんらかの意見を言わないと認められないから」と。

これはイタリアだけの話ではなく、イギリスでもフランスでもドイツでも、ヨーロッパでは自分の考え、意見を主張するのがあたりまえのことなのです。ヨーロッパには、古代ギリシア最大の雄弁家デモステネス、ローマの最高の雄弁家キケロの時代から、弁論は政治に根づいていました。

日本に弁論術が根づかなかった理由を、江戸期の藩校の教育内容に見出すことができます。藩校の教育内容は、儒教の経典の四書五経《ししょごきょう》（四書＝『大学《だいがく》』『中庸《ちゅうよう》』『論語《ろんご》』『孟子《もうし》』と五経＝『易経《えききょう》』『書経《しょきょう》』『詩経《しきょう》』『礼記《らいき》』『春秋《しゅんじゅう》』）の素読《そどく》と習字が中心です。後期になると、蘭学《らんがく》が加わりますが、弁論術や修辞学などはありません。「巧言令色《こうげんれいしょく》鮮《すくな》し仁《じん》」、ペラペラしゃべる者は信用できない、ということなのでしょう。

しかしヨーロッパでは、古代から、政治家には聴《き》く者の心に響く弁論が求められました。デモステネスもキケロも政治家である前に、雄弁家でした。デモステネスは滑舌《かつぜつ》の悪さを克服するために、海に向かい石をくわえた発声練習をしています。

日本の戦後の国会では、丁々発止《ちょうちょうはっし》と切り結ぶ、緊迫した論戦は繰り広げられません。戦前の帝国議会における、斎藤隆夫《さいとうたかお》の「粛軍《しゅくぐん》演説」や浜田国松《はまだくにまつ》の「腹切り問答」(いずれも陸軍大臣寺内寿一《てらうちひさいち》への質問演説・やりとりで、軍部の政治干渉を戒《いまし》めた)のような、聴衆の心を震《ふる》わせる名演説を聞いたことがありません。

また、歴代首相の演説・答弁はけっしてうまいとは言えず、言葉よりも人柄・気遣いが首相に求められる能力として語られることが多いように思います。

たとえば、一九六〇年に首相に就任した池田勇人《いけだはやと》は蔵相時代、「所得の少ない人は麦を多く食う、所得の多い人は米を食うというような」と発言、翌日の新聞には「貧乏人は麦を食え」と書かれました。終戦から五年、日本が高度経済成長時代を迎えようとしていた頃です。「もうすこしがまんしてほしい」という気持ちばかりが先に立ち、説明が十分にできていなかったのです。池田は語彙《ごい》に乏しいと言われます。

いっぽう、池田の次に首相となった佐藤栄作は、「物言わぬ男」でした。「政界の(市《いち》川《かわ》)團十郎《だんじゅうろう》」と呼ばれた、特徴的なギョロ目で睨《にら》みつけられると、誰もが戦慄を禁じ得なかったそうです。石原慎太郎は、「佐藤は風圧で制する」と評しています。相手を存在感で黙らせてしまうのですから、言論の政治とはまったく逆です。これは余談ですが、「人事の佐藤」と呼ばれた人心掌握術で、八年にもわたる長期政権を築き上げています。

みずからの派閥・創政会を率いて、一九八七年に首相の座に就いた竹下登《たけしたのぼる》は能弁ですが、国会答弁が回りくどく、何を言っているのかよくわからないことから、「言語明瞭、意味不明瞭」と言われました。雄弁にはほど遠いだけでなく、国会の役割を軽視しています。

国会は「言論の府」と言われます。国会議員の活動の基本は言論であり、問題は言論によって決定されなければなりません。その言論によって多様な意見が担保され、多数の賛成を得るために答弁を行なうという民主主義政治の基本形態が、ここにあるわけです。その答弁が「意味不明」では、代議士の資格すらないことになります。

福沢諭吉の誤解と政治ショー――御厨

日本で弁論術が根づかなかったのは、ご指摘のように、議会制が弁論によって政治を運営していくシステムであると、政治家にも国民にも受け取られていないことが大きいでしょう。

伊藤博文をはじめとする藩閥の政治家に、誰ひとりとして雄弁家はいません。彼らの政治スタイルは江戸時代から続く密室政治で、公《おおやけ》の議会では多数決によって承認を受けるだけというものでした。与党と野党の棲《す》み分け、権力の分配が議会のスタートからできあがっていたのです。

議会は政府と野党が言論をもって対決する場ではなく、駆け引き、裏工作など、いわゆる寝技の世界になっていきました。日本政治の原型とも言うべき政治形態です。

この国の政治の世界に、弁論術は必要とされていなかったのです。ですから、本当に雄弁だった政党政治家で、権力の座に就いた人はほとんどいません。本格的政党内閣を率いた原敬も、演説が下手だったと伝えられています。福沢諭吉《ふくざわゆきち》でさえ、「あちらでワイワイこちらでワイワイ。お囃子《はやし》みたいなもので政治は動くのか」と、弁論を否定的にとらえていました。

政治家に、雄弁家が皆無だったわけではありません。自由民権運動が盛んだった明治初期から半ばまでの時代、愛国公党や自由党、立憲改進党など民権派各党（民党）の党員は、弁《べん》が立つ者ばかりでした。彼らは頻繁《ひんぱん》に政談演説会を開きましたが、演劇や歌謡などの娯楽代わりとなり、特に地方では受けました。

彼らの演説会は、次のようなものでした。まず、政府攻撃を激しく論じ立てます。警戒にあたる警官を壇上から挑発し、「弁士《べんし》中止」の声を待っているのです。そして、警官の怒声を合図に、壇上は政党員と警官の活劇の場になります。聴衆は、乱闘が始まるとやんやと囃し立てます。不思議なことに、逮捕者はほとんど出なかったそうです。演説会は弁論を通じて政治を考える場ではなく、言わば、政治ショーだったのです。

しかも、民権派は「シビル（市民的権利＝私権）は不自由でも、ポリティカル（政治的権利＝公権）さえ自由ならそれでけっこう」と広言していました。人権などの権利は不自由でもかまわない、政治権力の分配にあずかりさえすればいい、という考えです。彼らの雄弁術は、議会では生かされませんでした。

日本政治・不変の体質――御厨

大正末期から昭和はじめにかけて、政党政治が復活し、わが国最初の二大政党制が実現しました。一九二四年の憲政会（のちに立憲民政党〈民政党〉）の加藤高明《かとうたかあき》内閣から、一九三二年の五・一五事件で政友会の犬養毅《いぬかいつよし》内閣が崩壊するまでの八年間、政友会と憲政会（民政党）の二大政党が、交代で政権を担当したのです。

政党政治と言っても、選挙結果で政権の交代が行なわれたことはほとんどなく、非生産的な政争に失政攻撃、スキャンダルの暴露合戦、今で言うネガティブ・キャンペーンによる倒閣です。政治が国民の信頼を失っていくプロセスは、昔も今もまったく変わりありません。

政党相互の対立は、年を追うごとに激しくなっていきました。一九二八年の普通選挙の実施によって、有権者が急増。選挙資金が巨額となり、資金調達のために、政党は財閥と結びつきます。その結果、政党政治家の疑獄・汚職事件がしばしば起こるようになります。そして、「政党政治は金権政治である」として、国民の不信感はさらに高まりました。

皮肉にも、記念すべきこの第一回普通選挙で、政党政治が安定的な統治を必ずしも保証しないことを示してしまったのです。

二大政党時代の末期、世界恐慌の影響を受けた日本経済は、昭和恐慌に見舞われます。政友会も民政党も、不況に苦しむ国民生活などまったくおかまいなしで、政争に血眼《ちまなこ》になっていました。国民からは公党と信認されず、政党政治そのものが国民に見捨てられてしまいました。政治はどんどん悪くなり、「不安定な秩序」が、日本の政治を思わぬ方向に導きます。

そのような時に持ち上がったのが、統帥権干犯《とうすいけんかんぱん》問題です。

一九三〇年、ロンドン海軍軍縮条約に日本は調印、日米英三国間で海軍の補助艦保有量の制限を取り決めました。これに対して、海軍の強硬派は、内閣が海軍軍令部の反対を押し切って条約を結んだのは、天皇の大権のひとつである統帥権を犯すもの（統帥権干犯）として、民政党・浜口雄幸《はまぐちおさち》内閣を激しく非難します。これに乗じたのが、野党だった政友会および総裁・犬養であり、議会で強い批判を展開しました。

統帥権とは、作戦・用兵など軍隊の指揮統率権のことで、大日本国憲法では陸海軍省（軍政機関）から分離・独立していました。ここを突いたわけです。

統帥権干犯問題は、軍部が政治に介入する口実を与えるきっかけとなりました。軍部の政党政治排撃の動きが、次第に勢いを増していきました。スキャンダル続きの政党政治に倦《う》んでいた国民は、軍部の動きに期待を寄せ、その暴走を許してしまいます。よく政党政治が軍部によって潰《つぶ》されたと言われますが、政党の自壊にすぎなかったのです。実際、統帥権干犯問題で反政党勢力とも結んだ犬養は、五・一五事件で海軍青年将校の凶弾に倒れています。

国民が軍部に期待を寄せた一例に、次のような話があります。

昭和初期、関東軍（満州に駐屯していた陸軍部隊）は、気鋭の都市計画家、建築家を満州国に誘いました。日本の都市計画がなかなか進まないことを嘆《なげ》いていた彼らに、関東軍は「満州国には政党政治はない。だから政権が替わることもない」と甘い言葉をかけたのです。結果、関東軍という強大なパトロンがついた満州国の首都新京《しんきょう》（現・中国吉林省長《ちょう》春《しゅん》市）では、日本からの投資も得て、大規模な国都建設事業が展開されました。

五・一五事件から八年後の一九四〇年、一国一党を目的とした大政翼賛会《たいせいよくさんかい》が設立され、各政党は解党して加わりました。太平洋戦争に突入するのは、その翌年のことです。

我田引鉄──御厨

政党政治とは、極言すれば選挙によって明らかになった民意、すなわち有権者・国民の意思を、政治に反映するシステムです。しかし、日本の政党政治は利益誘導、つまり地域の利益をめぐる権力闘争でした。

その中核をなしていたのが、日本の政治文化である「派閥」です。政友会では地縁が重視されていました。実力者の政治的基盤になったのが、設立当初から存在した「関東派」「九州派」などと呼ばれた地縁閥であり、派閥の原型となりました。

対立政党の憲政会・民政党は、浜口や若槻礼次郎《わかつきれいじろう》ら官僚出身者が中心になっていましたが、やはり地縁閥も抱えていました。

地縁閥はそれぞれの地元利益（私益）を求めます。その集合体が政党ですから、国民は政党が国家利益（国益）追求のために存在するのではなく、私益を優先にした集合体と見なしていたのです。

原の出身地・岩手県を走る大船渡《おおふなと》線（一《いち》ノ関《せき》駅─盛《さかり》駅）は原政権時代に計画され、昭和はじめに全通しています。政友会と憲政会の双方が地元票の獲得を狙《ねら》い、選挙区を走るよう計画に横槍を入れたために、曲がりくねった不自然な路線になっています。これでは「我田引鉄《がでんいんてつ》」と言われても、しかたありません。

私益をめぐる争いは、道路や橋など国づくりの基礎となる社会インフラを計画性のないものにしてしまい、行政に悪影響を与えました。

このように、政党は民意を反映し国益の体現者であるという、「権力の正統性」がきわめて疑わしい存在でした。そして、私益を求める政党は、スキャンダルにつながりやすい体質を持っています。利益誘導型政治につきものとも言える政治腐敗を招き、政策論争不在で、党利党略から政争が繰り広げられる政治土壌を醸成《じょうせい》していくのです。

官僚派集団「吉田学校」――御厨

戦後政治は日本国憲法下、議院内閣制の採用で始まりました。政党政治の再復活と言いたいところですが、その実態は官僚派による、派閥政治です。

官僚派とは、おもに東京帝国大学法学部を卒業し、高等文官試験（現・国家公務員総合職試験）を経て中央省庁の官僚となり、政界に転じた政治家を指します。これに対して、官僚経験を持たず、党員や地方議員などから国政に転じた政治家を党人派《とうじんは》と呼びました。戦前とは異なり、首相は国会において、国会議員のなかから指名されます。閣僚の過半数も、国会議員のなかから選ばれます。内閣は国会を母体として成立し、国会からの信任のもとで組織されたのです。必然的に、政党が、この政治形態のもっとも重要な構成要素になりました。戦前の私的性格を有していた政党が、公的な存在として認められたとも言えます。

一九四八年、民主自由党（のちに自由党）総裁・吉田茂は、二度目の首相に就きました（第一次吉田内閣は一九四六〜一九四七年）。吉田は、党人派政治家に、生理的嫌悪感を抱いていました。権謀術数に長《た》けて金に汚《きたな》く、信用・信頼に値《あたい》しない輩《やから》と見ていたのです。

そして、党人派を退け、池田勇人（大蔵省次官）、佐藤栄作（運輸省次官）、前尾繁三郎《まえおしげさぶろう》（大蔵省主税局長）ら高級官僚出身者を入党させて、派閥を形成しました。彼ら官僚派を含む吉田が率いた集団は「吉田学校」と呼ばれ、戦後政治を牽引していくことになります。

ちなみに、田中角栄は官僚出身ではありませんが、吉田に重用《ちょうよう》されました。

官僚派に支えられて党内を掌握した吉田は、官僚機構を通じて政治を動かします。また、日本を占領統治していた連合国軍最高司令官マッカーサーと親密な関係を築いたこともあり、「ワンマン体制」を確立しました。独裁政権の様相を呈《てい》しながら、長期政権へと歩《ほ》を進めていったのです。

しかし、公職追放から戻ってきた鳩山一郎《はとやまいちろう》（党人派）、岸信介（官僚派）らが反吉田としての勢力を形成、自主憲法制定、自主軍備の確立を主張します。のちに二人は日本民主党を結成し、吉田の自由党との対決色を強めていきます。

さて、今や官僚派は絶滅危惧種となりました。官僚から政界に転じる者が激減したためです。平成になって一六人の首相が生まれていますが、官僚出身者は宮澤喜一《みやざわきいち》ただひとりです。いっぽう、党人派も死語となりました。官僚派がなくなり、対抗する必要がなくなったからです。

戦後の中選挙区制のもとでは、首相は衆議院で多数を占めた党の党首（自民党では総裁）がなり、党は派閥の合従連衡《がっしょうれんこう》のうえで成り立ちます。有力派閥を味方につけた派閥は権力派閥になり、その派閥を率いる領袖《りょうしゅう》（ボス）は総裁となって、首相の椅子に座ることができます。

また、日本国憲法が首相の権力を保障しており、はじめから強い権力を持った首相が生まれます。新しい政策を引っ提《さ》げて、首相の座を射止めた政治家がほとんどいないのは、この首相生産システムがあるからです。

ですから、権力闘争は、言論ではなく「数は力」が源泉となります。政党内は切磋琢磨《せっさたくま》して政策を競うよりも、数の奪い合いに狂奔《きょうほん》することになるのです。

一五〇年続く、イギリスの二大政党制——本村

御厨先生のお話をうかがって思うのは、日本の政党政治の成り立ちが、イギリスと似ていることです。

イギリスの政党政治は十七世紀末に始まり、議会制度のもとでホイッグ党とトーリー党の二大政党が交互に政権を担った。歴史的にはこのように説明されていますが、私の見方は違います。国民合意を形成し、国民の意思を反映するシステムとして機能するのが、本来の政党政治のあり方です。その意味で、本当の政党政治が始まったのは十九世紀後半、日本では明治維新の頃です。

十八世紀までのイギリスの政党政治は、日本のその揺籃期《ようらんき》と似た形態を持っていました。政治の主体となったのは政党そのものではなく、大きく三つのタイプに分けられる派閥です。

ひとつは、ポリティシャン。みずからの政治力で、国家経営に携わっていくグループです。国益を優先に考えますから、公的性格を有しています。与党・野党にかかわらず、全体で三分の一ほどいました。

次に、宮廷・行政官派。これは宮廷入りや行政官を目指すグループで、国家を動かすことよりも、自分たちが爵位をもらうことを重要視します。当然、与党側につきます。

もうひとつが、独立派。地縁的なグループで、日本の地縁閥と同じく、国益よりも地域の利益を大事にします。

十九世紀半ば、ホイッグ党を前身とする自由党が誕生、いっぽうでトーリー党の流れを汲《く》む保守党が結成されます。自由党は産業資本家、いわゆるブルジョワジーを支持基盤にし、保守党のおもな支持層は地主や地方の貴族でした。

やがて、自由党はグラッドストン、保守党がディズレーリを党首に戴《いただ》き、政党政治および二大政党時代が確立されます。この頃になると、議会は宮廷・行政官派、独立派が消え、ポリティシャンで占められます。日本の政党政治も、同じような経路をたどっていますが、その後の成熟度において歴然とした差があります。

派閥政治から始まったイギリスの議会政治は、二十世紀を迎えると、保守党と労働者層を支持基盤にする労働党の二大政党制になり、定着します。その背景には、イギリスの階級社会があります。貴族や富裕層は保守党に、労働者層は労働党に投票する傾向があるのです。

このように見てくると、日本の場合、野党第一党の立ち位置の曖昧《あいまい》さと、与党との対立軸の不明確なことが、二大政党制が根づかない一因ではないかと思われます。

二十一世紀に入ると、イギリスの第一党・保守党は過半数の議席が得られず、連立政権を組まざるを得なくなっていきます。二大政党制が行き詰まっている、と言えなくもありません。このことも、日本の政治の現況に似ています。

土建国家＋中選挙区制＝自民党の利益――御厨

水と油の関係にあった自由党と日本民主党は一九五五年十一月、合同して自由民主党（自民党）となります。この一ヵ月前、分裂していた日本社会党（社会党）の右派と左派が再統一。これに危機感を覚えた財界からの要請もあり、保守合同となったのです。

以降、与党・自民党対野党第一党・社会党の構図となり、「改憲・保守・安保《あんぽ》（日米安全保障条約、190〜192ページで詳述）護持」を掲げる自民党と、「護憲・革新・反安保」を唱える社会党の二大政党制、いわゆる「五五年体制」が誕生しました。

時を同じくして、日本は高度経済成長時代に突入。四大工業地帯（京浜《けいひん》工業地帯、中京《ちゅうきょう》工業地帯、阪神工業地帯、北九州工業地帯）が経済成長を牽引し、工業国として発展していきます。

また、国土の有効利用と社会環境の整備を目的とした長期計画「全国総合開発計画」が一九六二年に閣議決定され、都市開発、住宅、道路、新幹線などの社会資本の整備が始まります。やがて日本中に金がばらまかれ、日本は急速に土建国家になっていきました。そこに、自民党は中選挙区制を利用して、利益還元・利益供与のシステムを築くのです。

中選挙区制では、自由党派も民主党派もひとつの選挙区でそれぞれの当選者を出すことができます。権力のうまみを知ったことで両派は宥和《ゆうわ》し、党勢を拡大していきました。

人で選ぶか、政党で選ぶか——本村

中選挙区制だった頃を思い起こすと、自民党候補者は他党候補との戦いというよりも、自党候補との戦いの印象がありました。

候補者は党の政策を看板に掲げるだけでは、ほかの自民党候補者との争いに勝てません。それぞれが後援会組織を強固なものにして、地元への利益還元を訴えていました。また、同士討ちを避けるために、候補者はあらかじめ数々の政策とそれに関係する特定の業界団体、企業などで棲み分けがなされていました。言うならば、利益誘導の役割分担です。

このように、政党よりも候補者個人が地域、業界団体、企業と密接に結びついた選挙が中選挙区制です。当然、投票は政党本位より、個人本位になります。

かつて、日本人は政治意識が低いから、政党よりも人を選ぶと言われました。有権者が政策についてわからなくても、あの人は信用できるからと票を入れて、その候補者に政治を任せる制度です。仮に、信用した候補者に裏切られたら、次の選挙で投票しなければいいだけのことです。しかし、政党で選ぶ小選挙区制の導入から約二〇年。日本人の政治意識は本当に変わったのだろうかと考えてみると、けっして人で選んで悪いことはないという思いに駆られます。

小選挙区制のデメリットとして、死票《しひょう》(落選者に投票された票)が指摘されますが、複数名投票の中選挙区制ではあまり問題になりません。その意味では、中選挙区制は民意をすくい上げるのに適した制度と言えるかもしれません。

派閥間抗争と金《かね》――御厨

自民党は高度経済成長の波に乗り、中選挙区制を最大限に活用して安定政権を維持していきます。自民党の各派閥にとって、中選挙区制は候補者の棲み分けがきちんとなされていれば、これほど利権・利益の分配に適した制度はありません。

選挙区の定数は二人区、六人区が少数存在するものの、おもに三~五人区です。のちに田中角栄は「党内の派閥は五つまでだ」と言い切り、五つ以上は害あって益《えき》なしと考えていました。

五五年体制のもと、自民党は八派閥（池田勇人・宏池会《こうちかい》、佐藤栄作・周山会《しゅうざんかい》、石井光次郎《いしいこうじろう》・水曜会、大野伴睦《おおのばんぼく》・白政会《はくせいかい》、岸信介・十日会、河野一郎《こうのいちろう》・春秋会《しゅんじゅうかい》、石橋湛山《いしばしたんざん》・二日会、松村謙三《まつむらけんぞう》と三木武夫《みきたけお》・番町《ばんちょう》政策研究所）でスタートしました。

しかし、中選挙区制に対応できない小派閥は淘汰《とうた》されていき、一九七二年頃には五大派閥（大平正芳《おおひらまさよし》・宏池会、田中角栄・七日会、福田赳夫《ふくだたけお》・十日会、中曽根康弘・政策科学研究所、三木武夫・番町政策研究所）に収斂《しゅうれん》していきました。

佐藤内閣（一九六四～一九七二年）までの自民党では、小派閥でも、必ずしも弱小というわけではありませんでした。一〇～二〇人規模の中小派閥が、しばしば政局を左右していました。

実際、川島正次郎《かわしましょうじろう》、椎名悦三郎《しいなえつさぶろう》などの副総裁経験者は、二〇人前後の派閥から出ています。彼らは総裁を目指さず、調整能力を発揮し、そこに存在価値を見出していました。それによって、自派から閣僚を送り込むこともできたのです。ある意味、中小派閥は利益供与にあずかりやすいとも言えます。

この状態を破壊したのが、田中の拡大主義です。「数は力なり」の源流は吉田としても、その威力をまざまざと見せつけたのが田中です。田中はとにかく、派閥を大きくすることしか考えていませんでした。田中の派閥・木曜クラブ（七日会から改称）は最大一四一名にまで、膨張《ぼうちょう》し続けました。

当時をよく知る政治家の誰もが、派閥、議員ともにメリットが得られる規模は、せいぜい五〇～六〇人までと言っています。その数を超えると、利益分配だけではなく、派閥の長が所属議員一人ひとりの個性を把握して、派閥運営をしていくことが難しくなるからです。実際、安倍首相の出身派閥・清和会（現・清和政策研究会）は九〇人を超える大所帯で、問題を起こす所属議員が少なくありません。

保守合同により、政策をめぐる争いは静かになりましたが、逆に権力争奪が激しくなります。五大派閥それぞれが総裁を出すために、選挙による派閥の拡大に専心します。本村先生が言われたように、選挙は他党との争いではなく、派閥間の熾烈な戦いになりました。つまり、選挙至上主義に走らざるを得なくなったのです。勝つか負けるか、実弾

（金）が飛び交うようになります。

首相に直結する自民党総裁を選ぶ選挙はさらに激しく、かつ露骨でした。私は今でも、ニュース映像で見た自民党の総裁選の狂態を、鮮明に覚えています。それは、一九五六年十二月の石橋湛山、石井光次郎、岸信介が争った総裁選です。会場の日比谷《ひびや》公会堂は、議員たちで大混雑、彼らの尻ポケットには、一万円札がこれでもかとばかりに詰まっていました。総裁候補者を出している派閥の議員が、他派閥の議員の尻ポケットに札束を突っ込むのです。

一九六四年七月、池田と佐藤が争った総裁選にも実弾が飛び交い、「ニッカ」「サントリー」など酒にちなんだ隠語が生まれています。「ニッカ」は二派閥から、「サントリー」は三派閥から金をもらうこと。あちこちから金をもらい、誰に投票したか不明なのは「オールドパー」、所属派閥の意向に従うことを「生一本《きいっぽん》」と呼んでいました。

国民は、「政治とはそんなものだ」と思っていました。「ニッカ」「サントリー」は、けっして悪い意味で用いられた言葉ではなく、それくらい金をもらっても当然だとの意味に受け取られていました。

権力に金が結びついた派閥政治は、一九七〇年代〜一九八〇年代に最盛期を迎えます。しかし、一九八八年のリクルート事件（戦後最大の贈収賄事件）を境にして衰退していきます。

派閥は悪か――本村

党内権力をめぐる派閥間抗争、金権政治の温床、密室政治や長老支配等々、派閥は日本政治を悪くする元凶、と散々な言われようをしてきました。昔から、派閥と言えば徒党を組み、仲間同士でつるんで何かよからぬことをやる、というイメージがあります。

しかし、派閥は党に多様性をもたらし、さまざまな政治活動にも対応できるという面もあります。国内だけを見ても社会問題の複雑化、価値観の多様化などで、専門的な衆知が必要です。そのために、同じ問題意識を持った者たちが熟議を重ねて、トップに献策するボトムアップ型の政策集団として、あらためて派閥を見直してもいいのではないでしょうか。

その規模は二〇人前後が望ましいのですが、多くても五〇人程度の集団なら、実質的な議論が可能です。次々と起こってくる問題に素早く対応して議論していくのが、政治のあるべき姿です。派閥内の議論で党を動かしていけば、派閥は党における潤滑油にもなるし、党全体を活性化していくことができるでしょう。

派閥の機能のひとつに、若手議員の育成があります。派閥は本来、年功序列社会です。飲み会などの集まりで、当選回数の多い先輩が新人議員に、いわゆる訓辞をします。これが所作・振るまいから始まる、教育になっていました。

国会には衆参ともに外務、財政金融、厚生労働、農林水産など一七の常任委員会があります。常任委員会は研鑽《けんさん》を積み政治的素養、専門知識を身につけていく場であり、議員は少なくともひとつには所属します。

最近では常任委員会で質問する自分の姿を自撮りし、それをホームページに上げてアピールする若手議員が多いようですが、撮影が終わると、さっさと会議室から出ていってしまうそうです。かつては、新人は最初の一年間だけは皆勤するよう、先輩から指導を受けたものです。田中角栄は自派の若い議員の出欠をチェックし、欠席が多いと叱責したそうです。

今は小選挙区制になって、先輩議員にしてみれば自分がいつ落選するかわからない身ですから、新人、あるいは経験が乏しい若手議員の面倒など見ている余裕がないのでしょう。よき縦割り社会が喪失しつつあり、派閥の存在価値が薄まっているようです。人材育成機能が働かない組織は、長続きしないと思います。

田中角栄が培養した「族議員《ぞく》」——御厨

一九七〇年代に入ると、木曜クラブ（田中派）の拡大と軌《き》を一《いつ》にして、新しい政治形態が根づきます。退潮する官僚派に取って代わった、「族議員」と呼ばれる一群の台頭です。

族議員は特定分野に精通し、関係省庁の政策実施に影響力を発揮しました。日本政治特有の、党主導によるボトムアップ型の政策決定システムです。第二章でも述べたように、田中は新人議員時代に建設省に日参して、政治の舞台裏の仕組みを熟知しました。その知恵が族議員に結びついたのです。

田中は自派の議員を族議員としてあらゆる分野に配置、みずからの派閥を「総合病院」と自賛しました。どんな陳情でも、派内で処理できるからです。陳情が生命線の地方自治体の首長を取り込むには、大派閥は絶大な力を発揮しました。

同じ時期、自民党では政府提出法案の事前審査を行なうようになります。このことも、族議員が一大勢力となった一因です。党内に設置された財務金融部会、厚生労働部会などの部会に一五年以上一筋に所属する族議員もおり、その知識・経験・人脈は課長級の官僚ではとても太刀打《たちう》ちできません。たとえば、「厚労族のドン」と言われた橋本龍太郎元首相に、厚生労働省の官僚たちはビクビクしていました。

いっぽうで、族議員は企業の癒着《ゆちやく》、業界団体への利益誘導を招き入れやすく、問題視されてきました。政官業（政界・官界・実業界）のトライアングルのなかで、企業や業界の要請を受け、関係省庁の政策決定に関与するからです。見返りは、政治資金と選挙における組織票です。

やがて、族議員は諸悪の根源のひとつ、とまで言われるようになりますが、官僚機構が政策決定に強い権限を持っていなければ、族議員は生まれません。両者の関係は、族議員側が一方的に利益にあずかる構図ではなく、「魚心《うおごころ》あれば、水心《みずごころ》あり」で、官僚側にもメリットがあります。官僚側が意図して、族議員の要求を呑《の》んでいる面もあるのです。

日本は「行政国家」と言われるほど、この国の官僚は優秀です。国会に提出される法案は、ほとんどが内閣によるもので、それを作成するのが官僚です。しかし、法案を承認するのは国会で、その前に与党（自民党）の審査を通過しなければなりません。党の審査が実質上の承認ですから、官僚は根回しに動きます。

そこで活躍するのが族議員です。官僚は法案の作成段階で彼らの力を借り、問題点をすべて洗い出し、クリアしておきます。族議員の協力なくしては、どんなに優れた法案でも一ミリたりとも前に動きません。その法案には、各省庁が実現させたいものもあるのです。対して、政策につきものの補助金が、族議員と派閥の利益源になります。

新人議員は大きな利権に結びつく部会に入会したがり、主流派閥は政治の中心になる部会に群がります。かつての田中派は、すべての部会に議員を送り込みました。しかし、その他の派閥はそうはいかず、派閥間の勢力基盤に差がつくことになったのです。

現在、族議員の力が弱体化してきたと言われていますが、まだまだ官僚への圧力として存在感を示しています。いっぽう、官僚は自民党に支配されているように見えますが、実はそうではありません。日本の戦後政治の大半は、自民党と官僚の相互の利益を保証し合う、もたれ合いによって動いていました。

そもそも、左右のイデオロギー対立にもとづいた五五年体制が政治を動かしていたというのは、まったくのフィクションです。自民党と社会党の二大政党制と言っても、自民党が優位であることを前提にしていました。社会党は選挙において、衆議院の定数の半分にも満たない候補者しか出していません。社会党の狙いは政権を奪取することではなく、反対勢力としての存在感を示すこと、また議会の三分の一を占めて憲法改正を阻止することにありました。

「国対《こくたい》政治」から生まれた政変——御厨

一九九〇年代に入ると、政権奪取だけが目的の政変が立て続けに起こります。最初は一九九三年、小沢一郎が黒子《くろこ》になって樹立した非自民連立の細川護熙政権です。この政変で、ついに五五年体制が終わりを告げました。

その翌年、自民党は、同じく非自民連立の羽田孜《はたつとむ》内閣から抜けた社会党の村山富市《むらやまとみいち》委員長を担ぎ、小沢が操《あやつ》る連立政権を倒しました。新党さきがけを含めた三党連立政権が発足し、自民党は政権に返り咲くのです。

この時期、世界ではソ連、東欧圏が崩壊します。共産主義、社会主義の失敗という現実に、社会党はイデオロギー的な基盤を失いました。

日米安全保障条約と自衛隊の容認が、自民党が求めた村山内閣樹立の条件でした。社会党の執行部は、それまで掲げていた旗を降ろすことに反対します。すると村山は、中央執行委員会で「どうしても安保と自衛隊に反対ならば、私は政権を引き受けない」と言い放ちます。居並ぶ幹部たちはシーンとなり、結局、条件を呑んでしまいます。

イデオロギーよりポリティカル、要するに政権のうまみ、権力の分配の前に膝《ひざ》を屈したのです。この瞬間、社会党は終わりました。約四〇年間「安保破棄、自衛隊解消」を訴え続け、一定の支持を得てきた社会党が、その存在理由をみずから捨てたのです。

実は、村山内閣は自民党竹下派（創政会）と、左派社会党が手を結んだことで実現した政権です。

社会党は戦後すぐに結成されますが、右派と左派が絶えず主導権争いを展開していました。右派はサンフランシスコ平和条約（日本と連合国との講和条約、190ページで詳述）には賛成で、日米安全保障条約は反対。左派は講和条約にも安保にも反対。左右両派は一度、分裂しましたが、一九五五年に再統一しています。

一九八五年に結成された創政会は「国対《こくたい》政治」を通じて、左派社会党と信頼関係を築いてきました。

国対政治とは日本の政治を象徴するもので、与党・自民党と、社会党など野党の国会対策（国対）を担当する幹部の話し合いによって、国会が運営される政治形態です。言わば、根回しです。族議員の台頭とほぼ同じ頃に、当時、自民党幹事長だった田中角栄の知恵で、「国対」が政治の裏舞台で暗躍するようになりました。藩閥政治から受け継がれた密室・談合政治のシステムと言えなくもありません。

一九七〇年代、社会党が議席数を増やし、国対政治は全盛期を迎えます。料亭での接待、金品の授受などが横行し、強行採決や乱闘などの筋書きも、この場で練られました。当時を知る政治家によれば、金品の授受にも右派と左派で違いがあったそうです。右派はおおむね金を受け取ってあたりまえ、一度もらっても、まだもらっていないと臆面《おくめん》もなく要求することもあったといいます。いっぽう、左派は後日、必ず礼を述べる律儀な面があったそうです。

竹下と村山はともに、国対経験者であり、「トンちゃん」「竹下シェンセイ」と呼び合う間柄でした。竹下が「村山さんは仲のいい友人だ。同い年だし、同じ価値観を共有している」と言えば、村山は首相時代を述懐して「竹下さんがよき相談相手だった」と述べています。

いっぽう、敗れた小沢は「根っこはかなり深い。自社は完全に手を握っていると確信していました。ただ、一方で、まさかという気持ちもありました。なんぼなんでも、社会党と自民党がくっつくような無茶苦茶なことをするか」と、その無節操ぶりに呆《あき》れています(小沢一郎著『語る』)。

このように、日本の政治史に残る政変は、左派社会党と手を握った竹下派が、左派を嫌った小沢に勝利した戦いでもあったのです。一九九〇年代までの自民党政治にまがりなりにも良識があったのは、反対勢力としてブレーキをかける役割をはたした社会党の存在があったからだと、私は見ています。

とはいうものの、社会党は国民の信用を一気に失いました。長年ライバル関係にあった自民党と社会党の連立に、違和感を持ったからです。

村山政権発足から一年七カ月後の一九九六年、村山は退陣し、自民党の橋本龍太郎内閣が発足します。社会党は直後に社会民主党（社民党）と改称しました。現在、社民党は衆参各二議席しか持たず、弱小政党と言わざるを得ません（二〇一八年六月時点）。かつて衆議院に最大一六六、村山内閣成立の一年前でも一三六の議席を誇った政党の著《いちじる》しい退潮です。

国対政治はかつてのような派手な裏取引は影を潜めたものの、今でも国会運営の調整としての機能ははたしています。

保守でも、革新でもなく――御厨

一九九〇年代に入ると、政治改革が始まり、政治の様相が変わってきます。

一九八〇年代までは日本経済は好調でしたが、もはや右肩上がりではなくなり、バブル経済が崩壊すると下降線をたどります。政治も金がかかる中選挙区制のツケが回り、リクルート事件や東京佐川急便事件など汚職が頻発、政治の制度を変えよう、政治改革をしようという動きが盛んになりました。

そして、それまでの「保守と革新」から、小沢が言い出した「改革」へと、政治のキーワードが替わります。

改革とは、もともとあるものの悪いところをよくすること。革新は古くからの制度などを改めて、新しくすることを意味します。ところが、わが国の革新勢力は、「護憲」に象徴するように、変えないことに頑《かたく》なです。いっぽう、保守勢力には「改憲」でわかるように、変えようとする力があります。その意味で、改革は、政治を保守でも革新でもない、これまでと違ったかたちに変えていこうというものです。

また、改革には、保守と革新が持っていたイデオロギー色は皆無です。イデオロギーのない、ニュートラルな改革という言葉をキーワードにしたのが、一九九〇年代の政治の特徴です。

改革を軸にして「小沢的なるもの」と「反小沢的なるもの」、あるいは「自民党的なるもの」と「非自民党的なるもの」の対立の時代とも言えます。

具体的には、前述のように社会党は最初、「非自民党なるもの（小沢的なるもの）」の細川政権に乗ります。次に、「自民党的なるもの（反小沢的なるもの）」に乗り換えて村山政権をつくったのです。

小泉純一郎が壊《こわ》したもの――御厨

派閥や族議員、党内の意思決定手続きなど、それまでの自民党の政治風土・文化を徹底的に破壊したのが、二〇〇一年に首相に就任した小泉純一郎です。これで戦後政治は終わった、と見ることもできます。

小泉は「自民党をぶっ壊す」と宣言して、田中派、竹下派の流れを汲む、自民党の最大・最強派閥の経世会《けいせいかい》（当時は平成研究会）を弱体化させました。経世会は、小泉が属した清和政策研究会の怨敵《おんてき》です。清和政策研究会は田中の宿敵・福田赳夫が結成した清和会を源流とし、以降、安倍晋太郎、三塚博《みつづかひろし》、森喜朗《もりよしろう》らの領袖を経て、小泉に至ります。ちなみに、小泉は議員当選前、福田の書生をしていた時期がありました。

小泉がまず行なったことは、閣僚人事で経世会を干《ほ》すことでした。歴代首相は各派閥に配慮した人事を行なってきましたが、小泉はその慣例を破り、独自で行ないます。次に、田中派によってつくられた、党内の意思決定機関・総務会の慣習を破壊しました。総務会は全会一致が原則でしたが、それを多数決による議決に変えたのです。こうした、これまでの自民党の政権運営の文法を次々と無視した結果、経世会は壊れてしまいます。

経世会は、自民党の派閥のなかで、もっとも組織化が進んでいました。会長のほかに副会長、代表幹事、事務総長などの役職を置き、強固な権力構造になっていました。また、陳情対策の職務分掌を事細《ことこま》かに行なっています。その経世会が壊れれば、必然的にほかの派閥も壊れていきました。皮肉なことに、組織化がいちばん遅れていた属人的な清和会だけが残ったのです。

この頃から小選挙区制が定着し、政治改革の一環として一九九四年に導入された政党交付金（政治献金を制限する代わりに交付される）の効果も発揮し始めます。交付金は総裁、幹事長が配るのですから、権力の集中が起こります。そうなると、派閥の領袖の力が弱まります。領袖に配慮した、派閥順送りの閣僚人事は必要なくなり、首相の権力がいちだんと強まったのです。

小泉は大統領的リーダーシップで内閣、議会、党に臨みました。そのきわめつけは二〇〇五年の郵政解散です。郵政民営化関連法案が参議院で否決されると、小泉は首相権限で衆議院を解散します。しかし、衆議院で可決したものが参議院で否決された時、衆議院で出席議員の三分の二以上の多数で可決されれば、成立します。そのような手続きはまったく考慮せず、いきなり衆議院解散に打って出たのですから、世間は仰天《ぎょうてん》しました。逆に言えば、小泉の独裁力をまざまざと見せつけられました。

このように、「強すぎる官邸」は安倍政権が嚆矢《こうし》ではなく、すでに小泉から始まっていたのです。

この小泉内閣の誕生で、族議員の活躍の場が狭《せば》められます。内閣府に設置された経済財政諮問会議を活用することで、政策決定が官邸主導になったのです。族議員はどんどん弱体化していきました。

小沢一郎の二大政党制論――御厨

約五年間、政権の座にあった小泉が二〇〇六年に退陣すると、安倍晋三、福田康夫《ふくだやすお》、麻生太郎と各一年ほどの短命政権が続きます。三代の政権時、参議院が過半数割れとなって

「ねじれ現象」を起こし、不安定な政権運営になりました。

そして二〇〇九年、二大政党制実現を目指した民主党は、衆議院議員選挙で三〇八議席を獲得、政権交代を成し遂げます。

実は、二大政党制の可能性に最初に気がついたのが、小沢一郎です。

小沢が自民党幹事長時代の一九九〇年、リクルート事件後の選挙にもかかわらず、自民党は二七五議席を獲得して圧勝しました。小沢が所属していた竹下派も、勢力を拡大しています。これは、派閥力学の終わりの始まりだったのですが、小沢も竹下もこの時は、竹下派だけで三〇〇議席を超えると本気で思っていたようです。

小沢は当時、小選挙区制導入について「民主主義は、政権がいいかげんな政治をすれば、常に他の野党にとって代わられるという緊張感が政治を良くする」と語り、二大政党制の必要を説いています。

しかし、私は小沢の真意を測りかねていました。小沢の狙いは、利益分配システムの温存と拡大にあるとも言われていました。前述のように、派閥は利益を求める者たちの集合体であり、利益分配は派閥運営の原動力です。利益の分配が議員一人ひとりに満足いくものでなければ、派閥はその存在価値を失います。

一派閥で三〇〇もの議員を抱え込めば、利益供与が立ち行かなくなります。所属議員を満足させられなくなると、必ず不満分子が出てきます。実際に、竹下派は大きくなりすぎたゆえに機能不全に陥り、派内に権勢を誇る小沢への反感などの不協和音が生じました。

小沢はこう考えます。竹下派を半分に分割して二つの政党をつくり、交互に政権を担えばいい、と。小沢が目論む二大政党制は、実は保守二大政党制だったのです。

私はこれまで、この説もフィクションと受け止めていましたが、最近になって利益分配の視点で派閥の適正規模を考えると、真実かもしれないと思うようになりました。それだけ、派閥の運営には金がかかり、求心力を保つのは大変なのです。

三〇〇議席を超えた民主党は、たった三年で五七議席まで減らし、政権から転落。二大政党制からほど遠い「自民一強」をもたらし、自民党内も「安倍一強」の単色に染まりました（二〇一八年六月時点）。

鉄の女サッチャーが傷ついた質問――本村

自民党の新人候補者の選考は、論文と面接による公募制を取っています。公募は地縁血縁によらずに政治家への道を開きますが、候補者の質の低下が指摘されています。

イギリスでも、政党が新人候補を選考しますが、イギリス初の女性首相サッチャーの伝記を読むと、その選考が厳しいことがわかります。まず、党本部が候補者を選考して、新人候補者を必要とする選挙区に推薦します。候補者は推薦された選挙区の支部で、地元議員などの面接を受けることになります。

この面接は辛辣《しんらつ》で厳しく、双子を出産したばかりのサッチャーは「めんどうをみなければならない小さな子供のいる母親としての義務と、議員としての義務の両方を果たせると本当に思っているのか？」と問われています。「鉄の女」と呼ばれた彼女でさえ、「傷つけられ」たそうです（マーガレット・サッチャー著、石塚雅彦訳『サッチャー　私の半生』）。

議員になっても、試練が待ち受けています。イギリス議会では、討論ができなければ政治家として認められません。野党の有力議員は、「フロントベンチ」と言われる議場の最前列に陣取り、政府や与党と激しい論戦を展開します。一年生議員や討論能力に欠ける議員は「バックベンチ」、つまり議場後方に追いやられてしまいます。フロントベンチに座れたとしても、一度議論に失敗すれば、バックベンチ行きです。選挙民の目も厳しく、バックベンチに座っている議員には投票しません。

イギリスの議会では、緊迫した議論が繰り広げられます。党首討論は、まさに切り結ぶような真剣勝負。相手が女性でも容赦《ようしゃ》ありません。

このように、政党は責任を持って、新人候補者をふるいにかけ、選考します。また、議員は弁論能力が求められ、政治家としての資質に選挙民の目が厳しく向けられるのです。

善《よ》し悪《あ》しは別として、派閥、国対政治、族議員など、中選挙区制が産み落とした日本特有の政治風土・文化は消えつつあります。小選挙区制が導入され、総理総裁に権力が集中したからです。

もうひとつ指摘しておきたいのは、政治風土・文化の喪失で、多様な民意をすくい上げられないのではないかという危惧です。派閥の衰弱、議員を支える個人後援会の弱体化、族議員と業界団体の影響力低下など、自民党の支持基盤が縮小していると言われていま
す。

はたして、日本は小選挙区制で民主主義が機能していけるのか、心配になります。

安倍内閣が長期政権となった理由――御厨

「安倍一強」は「反対者なき政治」を意味し、逆に安倍政権にとって不幸なことです。政治が独裁でもないかぎり、反対する者がいてはじめて政権は引き締まり、盤石《ばんじやく》になっていくものです。

かつて、清和政策研究会会長の細田博之《ほそだひろゆき》に「安倍内閣をこれからも支えていくのか」と尋ねたところ、「五年間はやりたいと言うから。野党になったら先の保証がない」との答えが返ってきました。民主党との政権交代で三年間、冷や飯を食わされてきた自民党の政治家にとって、安倍政権は久しぶりにホッとできる「楽しいわが家」なのです。難しいことは言わずに、この心地よい「今」を持続させることが大事なのでしょう。

派閥全盛時代、次の次まで総裁候補は決まっていました。内閣改造で閣外に去った人も、派閥がその後の政治人生を保証しました。派閥衰退期にあっても、竹下登はその人たちの面倒を見たと言われています。

ところが、現在の小選挙区制のもとでは、保証および保証人なき政治世界になっています。最強を謳《うた》われる安倍政権でも、一寸先は保証できません。細田の言葉は、自民党議員たちの本音なのです。

佐藤栄作、中曽根康弘、小泉純一郎と五年以上続いた長期政権では、次世代の政治家を後継者として育成してきました。佐藤は「三角大福中《さんかくだいふくちゆう》（三木・田中角栄・大平・福田・中曽根）」、中曽根は「安竹宮《あんちくみや》（安倍晋太郎・竹下・宮澤）」、小泉は「麻垣康三《あさがきこうぞう》（麻生・谷垣禎《さだ》一《かず》・福田康夫・安倍晋三）」といったように、彼らを競わせました。

しかし、安倍は後継者づくりなど、どこ吹く風で、その素振りすら見せません。後継者をつくろうとしないのは、彼に今後の自民党をどうするかの発想がないからです。安倍は自身最初の選挙では与党・自民党で立ちましたが、当選して登院すると、細川連立政権の樹立で、自民党は結党以来はじめての野党に転落していました。これは、トラウマとなってもおかしくないほどの強烈な体験です。

小選挙区制だと、たとえ盤石な与党でも、強い風が吹けばあっという間に野党になる恐怖がつきまといます。この体験から、安倍は自民党政権が半永久的に続かないことを肝《きも》に銘《めい》じたのでしょう。だからこそ、「永遠の今」で、長期政権にこだわっているのです。

もうひとつ理由があります。安倍が民主党から政権を奪取してくれたと皆が思ってくれている間は、自民党はまとまっていこうとして異論反論は出てきません。ところが、すこしでも後継者を匂《にお》わしたとたん、これまで黙していたぶんだけ紛糾します。その時をできるだけ遅らせるには、安倍政権が長く続いたほうがいいと考えているのです。

今や、日本の政治は基本的に官邸で処理しています。自民党議員の大半は、官邸で何が行なわれているかわかっていません。国対政治で象徴される、かつての密室政治が、官邸で行なわれているわけです。蚊帳《かや》の外の議員たちは、忖度《そんたく》して行動する以外のことができなくなっているのです。さきほど、「反対者なき政治」は安倍政権にとって不幸であると述べましたが、このような議員と政治しか持てない国民こそ不幸です。

いびつな民主主義――御厨

それにしても、安倍は異質な首相です。安倍以前の総理総裁は、党の最大公約数的なものに乗っかって政権運営をしていました。いっぽう、安倍は党内少数派の右的な主義主張、つまり「歴史認識」「靖国《やすくに》神社参拝」「集団的自衛権」の三点セットを鮮明にして、自民党の多数が認めているかどうかを問わずに、政権を運営しています。

安倍政権の特徴のひとつが、重要なポジションに就く実力者（麻生太郎副総理、菅義偉《すがよしひで》官房長官、二階俊博《にかいとしひろ》幹事長など）が、安倍よりも年長なことです。リスクを取って後継者を育てるより、信頼できる人を使い続けています。やはり、「永遠の今」にこだわっているのです。

これは見方を変えれば、後継者が育っていないことを物語っています。安倍一強は盤石に見えても、それを支える構造は着実に弱まっています。党内に有力者がひしめき、たがいに牽制し合っていたかつての自民党と、安倍一強の現在の自民党との最大の違いは、そこにあります。党内は異論反論が出なくなって活力が失われ、政党としての力はむしろ弱まっているのです。

また、安倍は国会などで批判を浴びると、色をなして反駁《はんばく》します。批判への耐性に乏しいのでしょう。だから、批判の声が上がらず、お追従《ついしょう》があるだけの、今の党内が心地よいのかもしれません。

私は、安倍に「第一次と第二次では、官邸の感覚は違いますか」と尋ねたことがありますが、「大いに違う。一度目は官邸に完全に振り回された。二度目は、官邸を俺が制圧しているという感じだ」と言っていました。そして、二度目の利点をいくつか挙げ、「でも、今後もうひとりくらい二度目の総理が出ないかぎり、この感覚はご理解いただけないと思う」とニヤリとしました。

強すぎる官邸は党内の異論反論をはじめ、熟議をも封じてしまいました。本村先生が言われた、多様な民意をすくい上げる仕組みが機能不全に陥っています。民主主義がいびつになっていると思わざるを得ません。

政治には遠望する眼差し、つまり将来構想が重要です。「楽しいわが家」からは、国家の将来を論じる声がいっこうに聞こえてきません。

第四章　安全保障

2017年9月、アメリカ空軍三沢《みさわ》基地（青森県三沢市）に集結したF16戦闘機

日本人の安全保障の目覚め――御厨

ここでは、「日本の安全保障」について考察していきます、安全保障を一言で言えば、他国の攻撃から国家や国民の安全を守ることです。安全保障政策をまちがえれば、国家の安全は崩れ、国民の生命を守ることはできませんから、「政争は水際まで」という言葉に象徴されるように、国家の最優先課題とされるのは、おおむね万国共通です。

日本人が安全保障と向き合わざるを得なくなったのは幕末の黒船《くろふね》来航によってです。それまでの日本は、鎌倉時代の元寇《げんこう》（一二七四年の文永《ぶんえい》の役《えき》と一二八一年の弘安《こうあん》の役）以来、他国から攻められたことがなく、安全保障の概念はきわめて希薄でした。

地政学的にも、日本は四方を海に囲まれた天然の要害であり、しかも近海は非常に荒れているため外国船が容易に近づけなかったことも、外からの脅威に鈍感だった理由です。

江戸時代、わが国はオランダ、朝鮮などの国以外とは断交し、二〇〇年以上も太平の夢を貪《むさぼ》ります。この間、ヨーロッパでは蒸気機関が発明され、産業革命が起きています。やがて、蒸気船は海上交通において帆船《はんせん》を駆逐《くちく》、外洋航海を容易ならしめました。

一八五三年、ペリー率いるアメリカ東インド艦隊が、浦賀《うらが》に来航します。黒船の出現です。これによって、「天然の要害」は、「どこからでも攻め込まれる脆弱《ぜいじゃく》な国土」に一変しました。長い海岸線は、防御に不向きであると知ったのです。

明治維新後、政府は列強（軍事・外交力を有したヨーロッパ、アメリカの大国）による植民地化を防ぐために、富国強兵を推し進めます。これは並列ではなく、強兵あっての富国、つまり軍事優先です。

当時、インド、清《しん》などの大帝国をはじめ、アジアの多くの国々は、列強の優越した軍事力の前に、崩れ落ちつつありました。そのアジア進出に対して、日本は「力でもって先んじなければ、力でもって先んじられる」と、強迫神経症的なメンタリティに陥ったのです。

その克服のため、膨張主義・軍拡路線を取ります。それはヨーロッパ列強と同じ、帝国主義への道を歩むことを意味していました。

明治・日本がもっとも恐れていたのは、略奪を本能とする国・ロシアです。地図を見ると、巨大な国がまるで日本に覆《おお》いかぶさるように位置しています。

十九世紀末、ロシアは極東の前線基地としてウラジオストク港を建設、艦隊を配備しました。陸ではモスクワからウラジオストクまでシベリア鉄道の敷設が始まります。ロシアの脅威が迫ってきたのです。ロシアが南下してくれば、日本はその独立が危《あや》うくなります。政府はもちろん、一般の国民に至るまで、ロシアの侵略を恐れていました。

ペリー来航からさかのぼること約半世紀、通商を求めてきたロシアのレザノフを幕府は拒否。ロシアは報復として樺太《からふと》、択捉《えとろふ》などの日本人居留地を襲撃しました。この侵略体験がトラウマになって、ロシアに脅威を抱くようになったのです。

一八九一年、ロシアのニコライ皇太子（のちの皇帝ニコライ二世）が、艦隊を率いて来日します。皇太子は琵琶湖《びわこ》見物の帰路、滋賀県の大津町《おおつ》（現・大津市）を通過した時、沿道を警備していた津田三蔵《つださんぞう》巡査に、右こめかみと後頭部を斬りつけられます（大津事件）。攘夷《じょうい》論者の津田は、日本がロシアから侵略を受けようとしていると危機感を抱き、犯行におよんだのです。

この時、日本中が震撼《しんかん》しました。誰もがロシアとの戦争を覚悟し、国力の差から日本の滅亡を想像します。全国各地から皇太子に見舞い品が届けられ、電報は一万通を超えたと言います。学校は臨時休校となり、芝居などの興行や遊郭は自粛して謹慎の意を表しました。神社、寺院、教会は皇太子平癒《へいゆ》の祈願を行なっています。贖罪《しょくざい》の意を込めて自害した若い女性までいました。

しかし、明治天皇みずからが、京都で治療中の皇太子を見舞い陳謝したことで、その危機は消えたのです。

吉田松陰の予言どおりに——本村

日本の膨張主義・軍拡路線で興味深いのは、吉田松陰《よしだしょういん》が唱えた安全保障策を、松下村《しょうかそん》塾《じゅく》で学んだ伊藤博文、山県有朋らがほぼその通りに実行していったことです。

松陰が『幽囚録《ゆうしゅうろく》』に記した箇所を引用してみましょう（奈良本辰也著『吉田松陰著作選　留魂録《りゅうこんろく》・幽囚録・回顧録《かいころく》』）。

今急に武備を修め、艦略《ほ》ぼ具《そな》はり礟《ほう》略ぼ足らば、則ち宜《よろ》しく蝦夷を開墾して諸侯を封建し、間《すき》に乗じて加摸察加《カムサッカ》・隩都加《オコック》を奪ひ、琉球に諭し、朝覲会同《てうきんくわいどう》すること内諸侯と比《ひと》しからしめ、朝鮮を責めて質を納れ貢《みつぎ》を奉ること古の盛時の如くならしめ、北は満洲の地を割《さ》き、南は台湾・呂栄《ルソン》の諸島を収め、漸《ざん》に進取《しんしゅ》の勢を示すべし。然る後に民を愛し士を養ひ、慎《つつし》みて辺圉《へんぎょ》を守らば、則《すなは》ち善《よ》く国を保つと謂《い》ふべし。

(今急いで軍備をなし、そして軍艦や大砲がほぼ備われば、北海道を開墾《かいこん》し、諸藩主に土地を与えて統治させ、隙《すき》に乗じてカムチャツカ、オホーツクを奪い、琉球にもよく言い聞かせて日本の諸藩主と同じように幕府に参観させるべきである。また朝鮮を攻め、古い昔のように日本に従わせ、北は満州から南は台湾・ルソンの諸島まで一手に収め、次第次第に進取の勢を示すべきである。その後に人民を愛し、兵士を育て、辺境の守備をおこたらなければ、立派に国は建っていくといえる)

維新後、日本は北海道開発(一八七〇年)、琉球処分(一八七二〜一八七九年の琉球王国が強制的に日本に組み込まれていった政治過程)、台湾出兵(一八七四年)、韓国併合(一九一〇年)と領土を拡大していきました。満州事変、フィリピン占領は昭和期ですが、松陰の提言通りになっています。

辺境の守りについても、一八九〇年、時の首相・山県は、第一回帝国議会で「主権線を守るだけではだめだ。利益線も守らなければならない」と主張しています。主権線は国境、利益線は日本の領土に付属する勢力圏を指します。要するに、日清戦争を想定して、「朝鮮を守らなければならない」と言っているのです。

当時、明治政府は朝鮮の李《り》王朝に対して「近代化と日本との協力」を要求していました。しかし、朝鮮は清と主従関係を結んでおり（冊封《さくほう》）、耳を貸そうとしません。朝鮮にしてみれば、「日本は弟分の分際で」と思っています。朝鮮の近代化と日本との協力を実現するためには、朝鮮が清から独立することが必要だったのです。

恐露病《きょうろびょう》――御厨

一八七五年、日本は朝鮮を開国させ、列強に先駆けて朝鮮半島で勢力拡大を図ります。そして、朝鮮を属国と見なしていた清と朝鮮の支配権をめぐり、一八九四年に戦端を開きます。日清戦争です。

日清戦争で圧倒的勝利を収めた日本は、下関条約（日清講和条約）によって朝鮮の独立、遼東《りょうとう》半島、台湾、澎湖《ほうこ》諸島の割譲などを得ました。日本ははじめて海外に植民地を持ち、大陸進出の足場を築いたのです。

また、古代から続いてきた、中国に対する文化的劣等意識が払拭されました。たとえば、「辮髪《べんぱつ》（前髪を剃《そ》って後頭部のみを残して編む髪形。満州族の王朝である清は、漢人にも強制した）は前時代的だ」などと、それまで敬《うやま》っていた中国人を侮蔑《ぶべつ》・嘲笑《ちょうしょう》し始めます。現在に至る中国人蔑視の風潮は、日清戦争を機に始まったと言えるでしょう。

しかし一八九五年、満州に利権を持つロシアは日本の進出を警戒し、ドイツ、フランスとともに日本に割譲された遼東半島を清に返還するよう迫ります。いわゆる、三国干渉です。

世論は「断固拒否して戦うべし」と沸《わ》き上がりますが、政府（首相・伊藤、外相・陸奥《むつ》宗光《むねみつ》など）は「三国を相手に戦うだけの国力はない。今ロシアと戦えば国が亡びる」と、この勧告をやむなく受け入れます。現実を直視した、冷静な判断と言えるでしょう。

評論家・三宅雪嶺《みやけせつれい》が新聞「日本」に執筆した「臥薪嘗胆《がしんしょうたん》」と題する論説がきっかけとなり、この言葉が国民の合言葉になりました。「ロシアよ、今に見ていろ」というわけです。

日清戦争の敗北で弱体化した清に、列強がハイエナのごとく群がりました。一九〇〇年、清で外国人排斥の動きが起こり、「扶清滅洋《ふしんめつよう》（清を助けて西洋を滅ぼせ）」を唱える義和団を中心とする暴動となります。列強と日本は出兵して鎮圧しましたが、これをきっかけにロシアは満州を占領、朝鮮半島への勢力拡大を窺《うかが》うようになります。

日本では、にわかにロシア脅威論が高まりました。当時、流行した言葉に「恐露病《きょうろびょう》」があります。これは、対ロ協調論者の伊藤や三国干渉に屈した政府を批判するために使われたものです。マスメディアが世論を煽《あお》る時、言葉は有効な手段となり、やがてそれがひとり歩きする構図は、この頃から変わっていません。

日露戦争が変えた、安全保障政策──御厨

ロシアの勢力が朝鮮半島におよぶことを恐れた日本は一九〇二年、ロシアの南下を警戒するイギリスと日英同盟を締結します。そして、ロシアがシベリア鉄道による兵員輸送が可能になる前に、国家の命運をかけて日露戦争に突入するのです。

明治天皇は一九〇四年、「韓国ノ存亡ハ実ニ帝国安危《あんき》ノ繋《つなが》ル所《ところ》タレハナリ」と宣戦の

詔勅《しょうちょく》を発します。国の安全保障が、ロシアによって脅《おびや》かされているというわけです。朝鮮半島は、日本の首都からもっとも近い外国であり、安全保障上の重要な位置にあることは、今も変わっていません。

当時の状況を、軍国主義への批判で知られる戦前の評論家・生方敏郎《うぶかたとしろう》は、著書『明治大正見聞史』のなかで、次のように記しています。

「日本が露西亜《ロシア》より富国強兵だとは誰も考えなかった。ただ空《むな》しく手を束《つか》ねて併呑《へいどん》されてしまう位《くらい》ならば、我らは全滅するまでも戦わねばならぬ。先方が国富《と》み兵強ければ、此方《こちら》には大和魂《やまとだましい》と天佑《てんゆう》とがある。日本は神国だ。いざという場合になれば、奇蹟的の勝利を得て見せよう、という愛国的信仰から発した勇気だった。これを客観的に見れば、窮鼠《きゅうそ》が猫を嚙《か》むの状態であったかも知れない」

「神国」という言葉は、『日本書紀』に記されており、元寇や太平洋戦争など対外的な危機に際しては、スローガンのように使われてきました。

日露戦争の経費は約一七億円、数年分の国家予算に等しい額です。そのおよそ半分はイギリス、アメリカなどの外債、残りは国債や増税で賄《まかな》いました。重要なのは、当時の最強国イギリス、急速にイギリスを追い上げていたアメリカと結んだことです。外交だけでなく、経済的にも支えとなったのです。

戦闘開始から、日本海海戦の勝利まで一年七カ月。ここが国力の限界でした。その勝利に驕《おご》ることなく、こちらの事情を相手側に悟《さと》らせず、講和を結んだのは見事としか言いようがありません。

この勝利により、日本は明治外交の二大課題――朝鮮半島における優位と、アメリカ、ロシア、イギリス、フランス、ドイツ、オランダと結んだ不平等条約の改正――の解決をみることができました。これは、前者においては安全保障の確保、後者は西洋国際秩序への対等な主権国家として日本の参入および「アジアの盟主」の地位獲得を意味しています。

日露戦争前の日本の安全保障は、海軍が唱える本土防衛を軸としていました。韓国を失っても、本土を防衛できればよいというものでした。しかし、満州での権益や植民地としての樺太南半分を得たことで、ロシア、中国と直接対峙するようになります。この大きな変化は、軍部に守勢作戦から大陸における積極攻勢作戦への大転換を促《うなが》しました。

日清・日露戦争の勝利により、日本人は、幕末以来苛《さいな》まれてきた安全保障上の強迫神経症的メンタリティから解放されます。そして、勝利に酔《よ》いしれるなかで、国際情勢と安全保障に対して真摯《しんし》に学び、研究することを怠《おこた》るようになります。

実は、両戦争とも、局地戦で日本は多くの敗北を喫しています。その理由を解明し、次の戦争に備えることこそ、安全保障です。しかし、戦史上の反省をしたような形跡はありません。「旅順《りよじゆん》要塞の二〇三高地は突撃精神に溢《あふ》れる歩兵で落とした」「連合艦隊司令長官・東郷《とうごう》（平八郎《へいはちろう》）さんは神がかっていた」など、およそ論理的ではなく、ただただイケイケどんどんの積極策が語られるだけでした。一種の夜郎自大《やろうじだい》です。

当時最強の陸軍国とされていたロシアを破った日本は、欧米諸国にとって新たな脅威となります。特に、それまで協調関係にあったアメリカとの間で、南満州の鉄道の権益や日本人のアメリカ移民問題などをめぐって対立の兆《きざ》しが現われ始めるのです。

これは、それまでの味方が敵、もしくは仮想敵に変わることであり、その相手がイギリスと覇《は》を争うほどの強国アメリカであることは安全保障上、大きな問題を抱えることになります。

日英同盟という転機——本村

日英同盟が成立した時、日本国民は「よく、あの大英帝国と同盟できたものだ。これで脱亜入欧だ」と感涙にむせび、大いに国威が発揚しました。

しかし、イギリスは冷徹な計算のうえで締結しています。締結前、イギリスは南アフリカの支配をめぐるボーア戦争（第二次）を起こしています。同時期、ロシアは清へ南下を始めています。イギリスは、清に持つ莫大な権益が脅かされることを危惧しますが、艦隊を南アフリカから東洋に回す余力がありません。そこで、日本と手を結んだのです。

イギリスは、国益優先の考え方を持っています。メリットがなければ、条約は破棄します。第一次世界大戦（一九一四～一九一八年）後、日本の中国大陸進出を警戒したアメリカは、イギリスに日英同盟の破棄を迫ります。イギリスは悩んだ末に四カ国条約（176ページで詳述）に代えるとして、これを解消します。みずからの権益が守られるかぎり、日本ともアメリカとも敵対したくない、というのがイギリスの本音でした。

教科書では大きく触れられていませんが、これは日本にとって大きな転機でした。もし日英同盟が続いていたら、太平洋戦争を起こさずにすんだのではないかとすら思います。

しかし、日本は同盟を結んで二〇年も経つと、イギリスへのリスペクトも国威発揚感も薄れ、「イギリスがやめたいと言うなら、やめてやれ」といった程度のものでしかなくなっていました。外交官の重光葵《しげみつまもる》のように、深く考える政治家もあまりいませんでした。いかに安全保障に鈍感になっていたかがわかります。

日英同盟が消失しても、重光らはイギリスの親日派からの情報を頼りにし、またアメリカとの関係の取り持ちも期待していました。ところが、親日派はチャーチルをはじめ政府中枢からはまったく信用されておらず、そのチャンネルは機能しませんでした。

重光は一九四五年九月二日、東京湾に停泊したミズーリ号甲板で、太平洋戦争の降伏文書に調印・署名をしています。

日本の植民地経営とローマの属州《ぞくしゅう》支配——本村

一九〇五年のポーツマス条約（日露講和条約）により、ロシアは韓国における日本の支配権を承認します。日本は日露戦争中から日韓協約を結んでいましたが、戦後は韓国を保護国として統監府《とうかんふ》を置き、外交・内政・軍事の実権を収めていきます。しかし、激しい抵抗に遭《あ》い、一九〇九年には初代統監を辞任していた伊藤博文が暗殺されます。

翌年、日本は韓国を併合し、植民地支配を始めます。統監府は朝鮮総督府《そうとくふ》になりました。まず、言論、出版、集会、結社などの自由を排除し、日本語や日本史の教育を推し進めたり、所有者が不明な土地は没収したりしました。その後、学校教育における朝鮮語教育をなくし、日本語の常用を強制します。さらには、日本名に改名することも推し進めました。

このような統治に対して、韓国の人々の反感は強く、それは今日《こんにち》の日韓関係の障害になっています。

アメリカの法学者エイミー・チュアは、著書『最強国の条件』（徳川家広訳）のなかで、なぜ日本は植民地経営をもうすこし「寛容」にできなかったのか、と指摘しています。ただし、台湾統治に関しては「現地人の支持を獲得することに驚くほどの成功をおさめている。第二次大戦中には、八〇〇〇人の台湾人青年が日本軍に志願して戦っているほどだ」と評価しています。

日清戦争後、清から割譲された台湾の総督に就いた児玉源太郎《こだまげんたろう》（日露戦争時には満州軍総参謀長）は、部下として後藤新平を総督府の民政局長に抜擢します。

後藤は、「社会の習慣や制度は生物と同じで必然性から生まれたのであって、無理に変えれば大きな反発を招く。よって現地を知悉《ちしつ》したうえで状況に合わせた施政を行なうべきである」と考え、台湾統治に手腕を発揮します。土地調査、縦貫鉄道敷設、築港、食塩などの専売、アヘン根絶に辣腕《らつわん》を振るいます。

後藤は軍の力を借りずに土匪《どひ》（土着の盗賊）を投降させ、鉄道・道路敷設などの事業に従事させました。また、病気療養中だった新渡戸稲造《にとべいなぞう》をスカウトし、殖産課長としてサトウキビやサツマイモの普及と改良にあたらせて大きな成果を上げています。

今でも台湾の年配者のなかには、産業を興《おこ》し、鉄道を敷設し、学校を整備した日本に対して感謝の気持ちを持っている人が少なくありません。

古代ローマの拡大方法は離れた土地に植民活動を行なうのではなく、ローマと地続きの土地をじわりじわり領土にしていく方法でした。国が大きくなると、離れた土地に植民地をつくっていますが、そこはあくまでもローマの支配下にあるローマの一部と考えていました。その支配は、範囲を拡大していく「併合」から始まり、軍事的同盟を主とする「同盟支配」になり、ローマの一部として統治する「属州支配」へと変化していきました。

ローマ人は、属州統治を非常にうまくやっていました。ローマの一部にもかかわらず、属州にはローマの言語も宗教も強要しませんでした。「寛容さ」をもって統治したのです。日本もローマ史を勉強していれば、もうすこしうまく植民地経営をできたのではないかと、私は思います。

兵器も意識も後れ始める——御厨

一九一〇年代、日本の防衛圏は外に向かって広がっていきます。

一九一四年、日本は第一次世界大戦に連合国として参戦します。病床にあった元老の井上馨は大戦勃発を知ると、「大正《たいしょう》新時代の天祐《てんゆう》（天の助け）」との書状を大隈重信首相、山県有朋枢密院議長に届けています。書状は連合国であるイギリス、フランス、ロシアと一致団結し、東洋における日本の利権を確立するよう求めていました。

ここには、ヨーロッパ各国を巻き込んだ複雑な国際情勢や戦争形態、日本の安全保障に対する発想はあまり感じられません。あるのは、権益への乾《かわ》いた欲求だけです。

その後、大隈内閣は戦争中の一九一五年、中国に敵国ドイツの権益継承などの「二十一カ条の要求」を突きつけます。帝国主義的な大陸進出の第一歩です。中国では一九一一年に辛亥《しんがい》革命が起こって清王朝は滅び、一九一二年に中華民国が成立していました。しかし、中国での権益を独り占めしたことで、日本は各国の不信を招き、日英同盟破棄の一要因にもなっています。

第一次世界大戦で、兵器は一気に近代化されました。ヨーロッパの戦場では戦車、飛行機、毒ガス、火炎放射器が登場、それまでとは戦争そのものが一変します。日本人はそのことを知りませんでした。戦車が登場した時には、日本の通信社などは何かわからずに、ただ「タンク（戦車）」としてニュースを流しています。

これは、安全保障上の大問題ですが、明治期の恐露病はどこへやら、国民は「成金《なりきん》」という言葉が生まれたほどの大好況に浮かれているだけでした。日露戦争の借金などで二〇億円の債務国だった日本は、大戦後には二七億円の債権国となっています。

大戦終了後、日本は一九一八年のシベリア出兵問題でつまずきます。シベリア出兵は一九一七年のロシア革命に干渉し、反革命軍を支援するため、日本、アメリカ、イギリス、フランスなどの各国が、シベリア地域に軍を派遣した戦闘です。

結局、反革命軍の崩壊により各国は撤兵しますが、日本は駐留を続け、占領地に傀儡《かいらい》国家の建設を画策します。しかし、領土的野心を疑われるなど国内外の非難を浴びて、一九二二年に撤退。零下三〇度という極寒の地での無謀な戦闘はなんの成果も得ることなく、巨額の戦費と多くの死傷者を出しただけでした。

シベリア出兵を推し進めた陸軍参謀本部は、シベリア分割と満州におけるロシアの影響を排して権益を独占したい、という目的があったのではないかと言われています。ここでも、目的は権益でした。

多国間安全保障——御厨

第一次世界大戦後、イギリス、フランス、アメリカなどの先進帝国主義国は「帝国主義は金がかかりすぎる」として、帝国主義からの脱却を図ります。植民地経営は手間とコストがかかったのです。

一九二〇年、国際連盟が創設されて国際協調外交の機運が高まりました。大戦後に国際政治の主導権を握ったアメリカは、日本の中国進出を抑えて東アジアの秩序を確立するために一九二一年、ワシントン会議を開きます。

まず、太平洋地域に関する四カ国条約（日本、イギリス、アメリカ、フランス）が締結され、前述のように、日露戦争を支えた日英同盟が破棄されました。

続いて、この四カ国にイタリアを加えた五カ国間で、ワシントン海軍軍縮条約が結ばれ、主力艦建造の一〇年間中止とその保有比率が定められます。さらに、中国などを加えた九カ国条約で、中国の主権、独立などが取り決められました。国際協調の方針に沿って、日本は二十一カ条の要求で得た、山東《さんとう》半島の権益を返還します。

このように、国際政治は、それまでの二国間同盟による安全保障から多国間安全保障へと、パラダイムシフトが起きたのです。ところが、後発帝国主義国の日本は、変化する国際情勢を見きわめることができません。ただ、国際情勢の変わりように切歯扼腕《せっしやくわん》するほかありませんでした。

一九二〇年代、世界には国際協調の機運が高まり、それにともない軍備縮小への動きが進みました。

大戦景気の反動で不況が始まった日本でも、軍縮やむなしの空気に支配されます。そして、軍縮路線を取る政党が主導して、政治が動いていくのです。第三章で触れた政党政治です。なかでも、伊藤博文からの伝統を引き継ぐ政友会の力が圧倒的に強かったため、ほかの政党と対立していた軍部は政友会と組み、軍事的利益の確保を図るようになりました。

それまで膨張を続けてきた軍事予算に対し、一九二五年、加藤高明内閣の宇垣一成《うがきかずしげ》陸軍大臣によって、軍縮が行なわれました。ただし軍縮と言っても、量から質への転換でした。兵隊の数を減らしても、遅れていた軍備の近代化は行なうというものです。

こうした動きと並行して、軍縮に身を縮《ちぢ》める軍上層部への批判が、陸軍の中堅将校の間に湧き起こります。いわく「政党に魂《たましい》を売り渡している」「今の軍隊は腐《くさ》りきっている。輝ける明治の軍隊はどこへ行ったのか」。相変わらず、山県有朋を頂点とする長州閥に支配されていることにも憤《いきどお》っていました。

それは一九二一年、永田鉄山《ながたてつざん》少佐、小畑敏四郎《おばたとしろう》少佐、岡村寧次《おかむらやすじ》少佐らによる「バーデン・バーデンの密約」——南ドイツの保養地バーデン・バーデンで「来《きた》るべき戦争に向けて、人事刷新と軍制改革を断行し、軍の近代化と国家総動員体制を確立する」という誓《ちか》いを交《か》わしたこと――から始まりました。

ビスマルクが考えていた〝限度〟――本村

明治維新からの過程を見ていくと、日本と比較できるのは、後発帝国主義国ドイツ内の、中核領邦国家（ドイツに存在した地方独立国）プロイセン（プロシア）でしょう。

十九世紀末、「鉄血宰相」の異名を取った首相ビスマルク（のちにドイツ帝国首相）が、領邦国家をまとめてドイツを統一しました。ビスマルクは、軍拡主義者のプロイセン国王ヴィルヘルム一世のもとで、軍拡を推し進めます。その途中でヴィルヘルム一世が亡くなり、息子のフリードリヒ三世が即位するも、在位九九日で死去。孫のヴィルヘルム二世が即位します。

ヴィルヘルム二世はさらに軍拡を進めようとしましたが、ビスマルクは安全保障のコスト削減のため、軍拡はこのへんでやめるべきと主張。普仏《ふふつ》戦争（一八七〇～一八七一年）でフランスを降伏させたあとは、軍事力を発動しない政策を取るようになります。また、領土拡大、植民地経営に消極的でした。

しかし、ヴィルヘルム二世はビスマルクを辞任させ、軍拡を進めます。結局、ドイツは第一次世界大戦に突き進み、敗戦という結果を招くのです。

鉄血宰相というネーミングから、ビスマルクは積極的な拡大主義者のように誤解されがちですが、彼は国力を見きわめ、限度をわきまえていたのです。ビスマルクがいたら、第一次世界大戦も第二次世界大戦も、別なかたちになっていたと思います。

ドイツと同じ後発帝国主義国の日本は、陸軍においてドイツの軍制を取り入れました（海軍はイギリス）。当初、陸軍はナポレオンからの伝統を持つ陸軍国フランスの軍制を取り入れていましたが、普仏戦争でプロイセンが勝利したことから、ドイツに改めたのです。

ただ、ビスマルクや彼の考えについて、詳しく研究したようには思えません。軍制だけでなく、その元である安全保障にまで発想が至らなかったのかもしれません。そして、日清・日露戦争を経て、拡大主義のまま満州事変、日中戦争、太平洋戦争と突き進んだのです。

ビスマルクは社会主義を弾圧したため、左翼知識人の評価はよくありませんが、私はビスマルクという政治家を見直してもいいのではないかと思っています。

単独安全保障——御厨

日本は一九三〇年代に入ると、軍部の暴走や政党政治の崩壊によって、国際協調路線から方向転換、国際社会から孤立していきます。

中国大陸では中国の反日運動が激しくなったことから、満州の権益を守るため、大陸政策の先兵である関東軍は一九三一年、満州事変を起こします。短期間のうちに、満州の主要地域を占領し、一九三二年、清朝のラストエンペラー愛新覚羅《あいしんかくら》溥儀《ふぎ》を執政《しっせい》（のちに皇帝）に迎えて、満州国の建国を宣言したのです。

満州国は関東軍や日本人官吏が軍事、外交、内政を握っており、日本が事実上支配していました。

日本の行動は九カ国条約（176ページ）に違反するものとして、国際連盟が満州からの日本軍の撤退を求めると、日本は一九三三年に国際連盟を脱退。さらに、一九三四年にワシントン海軍軍縮条約（176ページ）を破棄、ロンドン海軍軍縮条約（119ページ）を定めたロンドン海軍軍縮会議も一九三六年に脱退して、軍備拡張を進めました。

これは、多国間安全保障の枠組みからはずれることですから、みずからの国を、誰の助けも借りずに、みずからの力で守ることを意味します。

孤立を深めた日本は、ヒトラー率いるドイツ、ムッソリーニのイタリアに接近します。一九三六年、国際的な共産主義の動きへの対抗を目的として日独防共協定を結びますが、この時の仮想敵はソ連でした。イタリアを加えた、翌年の日独伊三国防共協定ではイギリス、フランスが仮想敵に加わり、ここに枢軸《すうじく》陣営が形成されたのです。

これは孤立した、単独安全保障よりもいいように思えますが、敵・味方をはっきり分け、しかも味方が日本をバックアップできる力があるかを考えると、この選択は危険きわまりないものでした。

幕末以来、日本はイギリスとはうまくやってきました。日英同盟を破棄しても、イギリスを敵に回したわけではありません。イギリスを敵に回さなければ、アメリカを敵に回す可能性も低くなります。しかも当時、日本経済はアメリカへの依存度を強めていました。

日露戦争の際に戦費の多くをイギリス、アメリカに頼ったことを思い起こすべきでした。

膨張主義の終焉——御厨

一九三七年、中国の北京《ペキン》郊外で日本軍と中国軍が武力衝突します。いわゆる盧溝橋《ろこうきよう》事件です。中国側は、それまで敵対関係にあった蒋介石《しようかいせき》率いる国民党と、毛沢東《もうたくとう》率いる共産党が手を結び（国共合作《こつきようがつさく》）、日本に抵抗。やがて、日中戦争に発展します。

日中戦争は長期化し、近衛文麿政権は、国家が総力を挙げて戦争に集中できる体制をつくるために一九三八年、国家総動員法を制定します。これによって、議会の承認なしに、物資や労働力を統制・運用できるようになりました。議会が有していた立法の機能が、政府・軍部に吸収されたわけです。

国際社会では一九三九年、ドイツがポーランドに侵攻したことで、第二次世界大戦が始まります。日本は即座に、「不介入」を表明しました。しかし、ドイツがヨーロッパで大勝利を収めると、ドイツとの提携強化の機運が高まり、東南アジアにあるイギリス、フランス、オランダの植民地を、日本の勢力圏に取り込もうという声が強くなります（南進政策）。石油、ゴムなどの資源獲得が、その狙いです。

当時流行した言葉に、「バスに乗り遅れるな」があります。早くドイツと組まないと分け前にあずかれないぞ、というわけです。

近衛内閣は松岡洋右《まつおかようすけ》外相を中心にドイツ、イタリアと交渉を進め、一九四〇年に日独伊三国同盟を締結します。これは三国のヨーロッパ、アジアにおける指導的地位を確認し、他国からの攻撃に対しては相互援助を約したもので、完全なる軍事同盟です。しかも、ドイツとイタリアは、イギリスと戦争中です（フランスは三カ月前に降伏）。日独伊三国防共協定では「仮想敵」だったものが、「仮想」が取れて剝《む》き出しになったのです。

三国同盟の成立と南進政策で、日米関係は悪化の一途をたどります。結局、陸軍が対米開戦論を唱え、慎重だった海軍でも強硬派が大勢《たいせい》を占めるようになります。一九四一年、近衛に替わって陸軍の東条英機《とうじょうひでき》中将（のちに大将）が組閣、十二月八日の太平洋戦争開戦に至ります。

一九四五年八月十五日、日本の帝国主義は終焉を迎えます。惨害をもたらした、この敗北は個々の戦いを顧《かえり》みることなく、また国際情勢に乗り遅れていたにもかかわらず、やみくもに膨張政策を取り続けた思想と、理念なき安全保障がもたらした結果であると言えるでしょう。

人徳《じんとく》が安全保障!?——本村

強力な軍事力を持つローマでしたが、九六～一八〇年の五賢帝時代は、それが表に出ることはなく、むしろ皇帝の「人徳」によって治められ、平和が保たれていました。

二人目のトラヤヌス帝は、ダキアという現在のルーマニアあたりまで占領して、ローマ最大の版図を築きました。彼は基本的には軍人ですが、「最善の元首」と称賛されています。各地に道路や橋などの社会インフラを整備したからです。首都ローマには広場、市場、浴場が建設され、最大級の水道橋も設けられています。貧民救済のための施策も、次から次へと打ち出しました。

三人目のハドリアヌス帝は領土拡大には固執せず、序章でも触れたように、治政の大半を属州めぐりに費やして平和的な国家経営を目指します。ブリタニア（現・イギリス）にも数度訪れ、ケルト人の侵攻を防ぐ全長一一八キロメートルにおよぶ「ハドリアヌスの長城」を築いています。

四人目のアントニヌス・ピウス帝の治政は二三年ですが、まったく平穏な時代で、後世の歴史家は「何も歴史がない」と言っています。逆に言えば、アントニヌス帝がよく治めていたということになります。アントニヌス帝は人格的にも優れた人物であり、万事、元老院で協議し、衆知を集めて決めていました。権力をちらつかせるそぶりも見せなかったそうです。そして官僚制を整備し、堅固な行政機構を築き上げました。

最後のマルクス・アウレリウス帝も、優れた皇帝でした。しかし不運なことに、治政半ばで、疫病《えきびょう》（天然痘《てんねんとう》）の大流行に見舞われます。加えて、北方辺境でゲルマン人の侵略が続き、その防衛に時間を費やしました。

このように、五賢帝時代は、「人徳」が安全保障の役割をはたしていました。

しかし、安全保障の基礎は、やはり軍事力にあります。軍事力がふたたび前面に出てくるのは三世紀、軍人皇帝時代になってからです。

この時代は、皇帝乱立の時代でもありました。五〇年間で元老院に認められた正統な皇帝だけで二六人。各地の実力者が皇帝を僭称《せんしょう》（勝手に名乗る）することも多く、それらを含めると七〇人にもなります。このうち、二十数人は属州のバルカン半島出身者です。属州の軍団が、親分を皇帝に担ぎ上げるのです。

力をもって制する、すなわち露骨に軍事力が表面化してきたのです。そのせいか、正統と認められた皇帝二六人のうち、二四人が暗殺されています。皇帝の権威は失墜、また皇帝が頻繁に替わるため、秩序が乱れた内乱状態が続きました。これにより、ローマ帝国の国力は弱体化していきます。

初代皇帝アウグストゥス帝は「これ以上、戦争をやるな。拡大するな」と遺言していました。その禁を破ったのが第四代皇帝クラウディウスで、ブリタニアを併合しました。為政者は軍事的功績を上げることが、名声を博するいちばんの方法と考えます。だから、軍事力を見せつけたがるのです。これは、現代にも通じるのではないでしょうか。

戦争の正当性——本村

古代ギリシア、ローマの安全保障について触れておきましょう。

ギリシア人には、「正当な戦争」という意識がありません。文献をあたっても、「正当な戦争」についての体系的叙述は、まったく見あたりません。

プラトンは「自分たちの戦いは宣戦布告のない自然状態の戦い」と述べています。宣戦布告をしなくても、いつでもどこでも戦いがあり、戦争が常態になっているということです。また、プラトンやアリストテレスは、戦争の原因として、名誉心や恐怖心、利得心を挙げています。

ギリシアの安全保障は自国を守る、言わば専守防衛に重点が置かれていました。たとえば、アテネは植民市《しょくみんし》（植民によってつくられた都市）を築くと、その植民市をポリス（都市国家）として認めます。ローマでは、属州はあくまで本国の出先機関、支店のような位置づけにすぎません。ここが、ギリシアとローマの違うところです。

植民市への入植者には、アテネの指導者層の血縁が多くいますから、必然的にアテネと同盟関係が結ばれます。これは対外戦争のためではなく、あくまでも防衛同盟です。植民市が侵略されて援軍の要請があれば、アテネは派兵します。

同盟関係は、食料安全保障（食料安保）にもなっていました。ギリシアは、国土を三〇〇〇メートル近い高山を含む山脈が何本か南北に走り、海岸線に迫っています。また、山あり谷ありで農業に適した土地が少なく、穀物の生産量は低いものでした。

特に、アテネの食料自給率は低く、ほかのポリスの半分ほどと推測されています。飢饉《ききん》になれば、植民市から食料供給を受けます。穀倉地帯であるギリシア北方の黒海《こっかい》沿岸地域やエジプト・ナイル川流域を、アテネはけっして侵略しませんでした。オリーブとブドウを栽培して、それを穀物と交換していたのです。

ギリシアにはそもそも、領土拡大という発想がありません。ギリシアの地形に、その理由があります。各ポリスは山や谷に囲まれた盆地につくられていて、外敵の侵入は防ぎやすいのですが、外に向かって打って出るには不都合でした。

いっぽう、ローマのあるイタリア半島はなだらかな地形で、穀物も十分に穫《と》れます。外に目を向けやすい地理的条件を備え、他国へ攻め入るという意識は、自然に湧き起こってきたと考えられます。

ヘーゲルが「ローマは略奪国家だ」と言っているほどですから、近隣と取ったり取られたりの小競《こぜ》り合いを繰り返していました。小競り合い程度の戦争には、「正当な戦争」という大義は必要ありません。

略奪国家だったローマも、ギリシアを征服する紀元前二世紀頃から、「正当な戦争」を意識するようになります。ギリシアは大国であり、ローマより優れた文化も持っています。そのため、ローマはギリシアとの戦争に大義を求めます。

キケロは「フィデース」と「サルース」を守る戦争はいいが、それ以外の理由による戦争は不可であると述べています。どちらもラテン語で、フィデースは「信義」、サルースは「安全」を意味します。拡大・膨張のみを目的とした戦争に正当性はないと、安全保障の考え方が変わっていったのです。

ただ、自国の安寧を得るための防衛戦争は、先制攻撃につながりかねません。安寧を脅《おびや》かす危険は、あらかじめ除去する。つまり、先制攻撃で相手を叩き潰すことができるとする論理が成り立ってしまいます。自国の安全保障を口実にして、戦争を起こすことも可能になるのです。

「正当な戦争」を意識するようになる以前から、ローマ人は信義を重んじていたせいか、もともと謀略、奸計《かんけい》など、勝つためにはなんでもありの戦術を取る意識は希薄だったようです。中国の『三国志』（陳寿撰）がおもしろいのは、権謀術数が渦巻く戦いや外交が誇らしげに書かれているからです。「正当な戦争」にこだわりを持ったローマの戦史には、その種の叙述はいっさい残されていません。

私は学生たちに、諸葛孔明《しょかつこうめい》軍とカエサル軍が戦ったら、カエサル軍はいとも簡単に負けるだろうと言っています。それほど、諸葛孔明がめぐらす作戦は脅威なのです。もっとも、二回目以降は、カエサル軍も研究して手を打ってくるでしょうから、勝敗の帰趨《きすう》はわかりません。

二つの日米安全保障条約——御厨

一九五一年九月、アメリカ・サンフランシスコのオペラハウスで開かれた講和会議に、吉田茂首相が全権として出席し、アメリカ、イギリスなど自由主義陣営四八カ国とサンフランシスコ平和条約を締結しました。同条約は翌年に発効、連合国の占領が終わり、日本は主権を回復します。

同日、下士官用のクラブハウスで、ひっそりと日米安全保障条約（正式名称・日本国とアメリカ合衆国との間の安全保障条約）も結ばれました。その内容は、日本はアメリカ駐留軍に基地を提供、アメリカは日本が外部から武力攻撃された場合に出動できるというものでした。

一九五七年に成立した岸信介内閣は、日本の自立化を強めるために、自衛力漸増計画を推し進めました。そして、一九六〇年に同条約の改定を図るのです。それが、現行の日米安全保障条約（正式名称・日本国とアメリカ合衆国との間の相互協力及び安全保障条約）です。

その内容は、形式としては集団的自衛権を前提にしており、日米双方が日本および極東の平和と安定に協力することと規定しています。旧安保条約には欠けていた、アメリカ軍が日本を守る義務もできました。締結された新安保条約は一〇年が期限で、その後は一年ごとの自動更新です。つまり、どちらかの国が破棄したいとなったら、破棄できるようになっています。

二つの条約の差は大きい。旧安保条約では、日本に駐留したアメリカ軍は、日本が攻撃された時には敵を攻撃しても、日本を防衛しなくてもいいことになっていたからです。

ただし、日本が攻められたら、アメリカ軍が無条件で守ってくれるというものではありません。たとえば、尖閣《せんかく》諸島に他国の侵攻があっても、アメリカは攻撃をしません。守るのは日本の自衛隊の務めで、自衛隊だけで手に負えない時、アメリカ軍が助けるというものです。

トランプ大統領の恫喝《どうかつ》——御厨

戦後、日本の基本的な安全保障は、アメリカに預けています。一九四五年、敗戦国・日本は、再軍備する金もなければ、その力もありませんでした。

敗戦翌年の一九四六年に首相となった吉田茂は、「吉田ドクトリン」と呼称される国家戦略を打ち出します。日本国憲法のもと、安全保障の大部分をアメリカに担ってもらい、日本は経済成長・発展を最優先課題とした軽武装・経済外交を国家の方針にするというものです。これは、基本的に今も変わっていません。

日本の安全保障政策が大きく変わる転機となったのが、一九九〇年の湾岸戦争です。イラクのクウェート侵攻から始まったこの戦争は、アメリカ軍を主力とする多国籍軍によって、イラク軍をクウェートから一掃し、停戦となります。この時、日本は戦費を負担しましたが、「ペルシャ湾を通る日本のタンカーを守っているのに軍を出さないとは何事だ」と、国際社会から批判を受け、国内でも議論が沸き上がります。

そして一九九二年、ＰＫＯ協力法（正式名称・国際連合平和維持活動等に対する協力に関する法律）が成立。これによって、自衛隊の海外派遣が認められることになりました。

さらに二〇一五年、安倍晋三首相は、安全保障関連法（平和安全法制整備法、国際平和支援法の二法）を閣議決定のうえ、成立させました。集団的自衛権が認められ、ここに日本の安全保障政策は大きく転換したのです。

ところで、湾岸戦争当時、私はアメリカのハーバード大学で研究員をしていました。ある時、構内でアメリカ人の年配女性に呼び止められ、「どうしてあなたの国のタンカーをアメリカ兵が守らなければいけないのか。日本が兵士を出さないのはどういうことか」と詰問《きつもん》されました。

私が「日本国憲法第九条では、海外派兵は禁じられている」と答えると、彼女は怪訝《けげん》な顔をして「そんな憲法、変えればいい」と言います。私は「日本がアメリカに占領されていたことを知っていますか。日本の憲法はアメリカがつくったものなのですよ」と返しました。すると彼女は「うーん」とすこし考えたあと、こう言いました。「今の状況下で、それはおかしい。状況によって憲法は変えられるはずだから」と。

彼女のように、日本人のためにアメリカの若者が血を流すことはない、と考えるアメリカ人は少なくありません。しかし、アメリカの歴代大統領は、そのことをけっして口に出すことはありませんでした。

はじめて言及したのが、トランプ大統領です。「日本は安全保障でアメリカにただ乗りしている。ただ乗りするなら、アメリカからもっと武器を買え。日米貿易は不均衡なのだから、日本は武器を買って自分で守れ」と恫喝してきたのです。安倍首相はトランプに気《け》圧《お》され、予算にないものまで買ってしまいました。

アメリカにただ乗りしていた戦後の安全保障の概念を、七〇年ぶりに変えなければいけないところまで来ているのかもしれません。でも、この国の安全保障をアメリカに委《ゆだ》ね、放棄してきた日本の政治家たちは、なかなかコペルニクス的転換ができない、というのが実情なのでしょう。

日本国憲法第九条第二項を考える――本村

私は湾岸戦争時、ロンドンにおりました。戦後、クウェート政府は米紙に掲載した広告で、三〇カ国の国名を挙げて謝意を表しましたが、そこに日本はありませんでした。日本は一三〇億ドル（約一兆五五〇〇億円）もの戦費を供出しましたが、海外では血を流す覚悟がなければ、評価してもらえないのです。

日本の安全保障で第一に考えなければならないのは、日本国憲法の第九条の問題です。特に、第二項（左の「前項」以下の文章）について議論を深める必要があります。

第九条　日本国民は、正義と秩序を基調とする国際平和を誠実に希求し、国権の発動たる戦争と、武力による威嚇《いかく》又は武力の行使は、国際紛争を解決する手段としては、永久にこれを放棄する。

前項の目的を達するため、陸海空軍その他の戦力は、これを保持しない。国の交戦権は、これを認めない。

多くの人が「自分の子どもや孫を戦争に行かせて、血を流させるのは堪《たま》らない」との思いを持っています。しかし、アメリカ兵の親の「なんで日本のために、自分の息子が血を流さなければならないのか」という問いには、誰も答えられません。

第九条第二項について議論すると、国土を守るのか、それとも国家を守るのかの二者択一の問題に行きつきます。

前者は、「子どもや孫に血を流させたくない」と思う人たちの考え方です。極言すれば、他国に占領されても、安全が確保できればかまわないというものです。後者は、日本という国家がどこの国にも占領されず、独立国家として存続させるということです。こうした基本的な了解を得ることから、日本人は避けているように思います。

安全保障をアメリカに委ねる、現在の日本は、独立国のようで独立国ではない状態です。たとえば、関東から中部上空には、「横田空域」と呼ばれる〝アメリカ領〟があります。日本の航空機は自由に飛べず、東京国際空港（羽田《はねだ》空港）の離着陸は迂回《うかい》を強《し》いられています。この現実に安閑としているとすれば、日本人は「国土派」なのかと思ってしまいます。

実は、第九条第二項問題は、戦後すぐの国会で論議されています。共産党の野坂参三《のさかさんぞう》が「侵略戦争は正しくないが、自国を守るための戦争は正しい。憲法草案のように戦争一般放棄というかたちではなく、侵略戦争の放棄とすべきではないか」と、時の首相・吉田に迫ったのです。吉田は「近年の戦争の多くは、国家防衛の名において行なわれている」と答弁しています。思わず、「どちらが共産党なのか」とツッコミを入れたくなります。

日米安全保障条約は破棄すべきか——御厨

日米同盟（日米安全保障条約）は日英同盟とは異なり、日本に選択の余地がありませんでした。アメリカが一方的に条件を出し、その条件を切り上げたり切り下げたりする交渉を吉田首相に委ねますが、吉田には「NO」と言えないことがわかっていました。

吉田は、午前中に行なわれたサンフランシスコ平和条約の調印を終えると、夕方五時からの安保条約の調印には池田勇人のみを同行させ、ひとりで署名しました（講和条約は全権団六人全員が署名）。アメリカ側は、アチソン国務長官をはじめとした四人が署名しています。この条約がのちに問題視されることを吉田は自覚しており、ひとりで責任を負ったのです。

日本の安全保障は、アメリカが七〇年間も担ってくれています。そのおかげで、日本が平和を享受できたのも事実です。しかし、事実ではありますが、それは結果論でしかありません。

日本は、安全保障をアメリカだけに頼っていいのか、という最大の問題をはぐらかしてきました。だから、日本にはしっかりした安全保障論がないのです。ときおり、勇ましい人が出てきて「日本から安保条約を破棄するという議論を、アメリカに吹っかけてみろ」と言いますが、日本の政治家にそのような勇気はありません。安全保障におけるアメリカ離れはタブーなのです。

実際、細川政権下で立ち上がった防衛問題懇談会の報告書が、アメリカの反発を呼びました。報告書は「多角的安全保障協力」という考え方が第一に掲げられ、「日米安保の機能充実」がそのあとでした。この順番が問題視されたのです。

アメリカは「日本のアメリカ離れが進む」と危惧し、「独自の防衛能力強化の兆候」と指摘しました。また、小沢一郎が提言した、国際紛争は国連を通じて参加するという「国連中心主義」も「離米だ」と、アメリカのみならず国内の保守論客から非難されました。安保条約を破棄することのコストは大きすぎます。また、安全保障のない国は、世界から相手にされない小国になってしまいます。日本人に、その覚悟があるのかどうか。日米同盟＝日米安全保障条約は必要悪であり、取らざるを得ない選択です。しかし、そこまでの覚悟をして、日米同盟を維持していくという議論も、またありません。「東京直下型地震が起きたらどうしますか」と聞くと、多くの人は「怖いから考えない」と答えるそうです。安保条約もこれと同じです。なくなると怖いから、考えたくないのです。本来は、憲法改正の前に、安全保障の問題を掘り下げるべきです。

さらに、未解決の課題がいくつもあります。本村先生のご指摘のように、日本に駐留しているアメリカ軍は、日本の空をわがもの顔で飛び放題です。日本と同じ敗戦国ドイツでは、自国の航空法が適用されています。また、ドイツもイタリアもアメリカ軍基地を抱えていますが、アメリカ軍の訓練はドイツ政府に許可・承認の権限がありますし、イタリアではアメリカ軍基地はイタリア軍が管理しています。何度も交渉を重ねて、地位協定が改定されたのです。

核軍縮よりも「核の傘」への依存優先、紛争解決の国際貢献の方法、敵基地攻撃能力保有など、およそ熟議されているとは言えません。

集団的自衛権の問題もそうです。同盟国アメリカが日本となんの利害関係もない国、あるいは親交のある国と衝突して窮地に追い込まれた場合、日本はアメリカを助けてその相手国を攻撃するのでしょうか。また、それが日本の自衛とどう関係しているのでしょうか。

その答えを、政府はいっこうに示そうとしません。日本はなんの疑問も抱くことなく、ただただ日米同盟強化の一本道を進むだけなのです。ここらで、国も国民も深く考えてみる必要があるのではないでしょうか。

第五章　国力

スペイン・セゴビアに今も残る、古代ローマ時代の巨大な水道橋

国力が衰退してくると、国家崩壊論が語られるようになる——本村先生は序章の終わりで、このように言われました。本書の締めくくりとして、国力の面から、これからの日本を遠望していきたいと思います。

国力とは何か——御厨

国力は国家の総合能力です。政治、経済、軍事、科学、技術、文化、国民の心性・民度、加えて、日本特有の天皇と国民の紐帯《ちゅうたい》も、国力の要素と言えるでしょう。国力の高い国は大国として、国際社会を主導する地位を占めます。国力の高さは、国内の秩序の安定度を示します。

世界の国々で、平和を望まない国民はいないでしょう。諸国民は平和を確保するために議論を重ね、その手段を講じます。日本のように安全保障をアメリカに委ね、経済に専心してきた国もあれば、軍事を最優先にして核ミサイルを装備する大国もあります。

一九八〇年代までの日本は、『ジャパン・アズ・ナンバーワン』（エズラ・F・ヴォーゲル著、広中和歌子・木本彰子訳）に書かれたように、経済と行政はうまくいっていました。「経済一流、政治三流」と言われた時代です。経済と行政がしっかりしていれば、政治は国民にどう消費されてもかまわないという時代でした。

何よりも、外国からの差し迫った脅威がありませんでした。国際社会における日本のはたすべき役割は、金を出していれば大概《たいがい》のことはすんでいました。国内に目を向ければ、国民は高い教育を受けることができて勤勉、モラルも高く、治安も安定していました。年金、終身雇用など、将来も保証されていました。

これらの要因があったから、日本および日本人は経済活動に全力を注ぐことができたのです。見方を変えれば、日本の国力は経済力に頼りすぎたいびつなものだったのです。

今の日本は不況に象徴されるように経済力が低下し、安定した秩序も疑わしくなっています。国民は企業活動、家計が圧迫されてはじめて、政治を切実に意識したのではないでしょうか。

借金財政、少子高齢化社会、年金、格差社会、社会インフラの老朽化、教育の荒廃とモラルの低下、環境問題、災害時の危機管理、そして安全保障。いずれも、国内の秩序安定にかかわる政治課題です。今、この国が問われている国力の問題でもあるのですが、いずれも、いまだ答えが見つかっていません。得意分野のはずだった経済で、景気回復に打った手がことごとくうまくいっていないのですから、それも当然かもしれません。

国力の主要素は政治力と経済力と言えますが、国力とは何かを突き詰めると、結局は「政治の質」「政府の能力」に行きつくのではないかと考えています。

ローマ帝国の崩壊理由① 経済力の低下——本村

国力の問題が政治と政府に行きつくというご指摘、私も同感です。ローマ帝国の崩壊に、そのことが如実に示されています。

ローマ帝国の崩壊については、古代から語られています。近代になってもエドワード・ギボンの『ローマ帝国衰亡史』などがあります。日本でも戦後に『ローマはなぜ滅んだか』(弓削達著)などが出版され、よく読まれています。

ローマ帝国の崩壊が二〇〇〇年以上にわたって繰り返し語られてきたのは、ローマ帝国が一挙に崩壊したカルタゴなどと違い、あれだけの大帝国でありながら、まるでがん細胞に蝕《むしば》まれていくように、それこそ自覚症状がないまま、一五〇〜二〇〇年かけて崩壊していったことが興味深いからです。

その崩壊論は二一〇ほどあり、崩壊の原因は学者の数ほどあるとまで言われています。それほど多種多様で複雑なのですが、あえて一言で言うならば、「国力の衰退」としか言いようがありません。ローマの国力の衰退について、私は「経済力の低下」「国内外の混乱」「文明の変質」の三要素で考えています。

まず、「経済力の低下」です。その要因として、三つのことが考えられます。

ひとつめは、社会インフラの補修です。老朽化した道路や水道橋、建物などの補修費用をどう賄《まかな》うかの問題です。前近代の国家の予算は、三分の二が軍事費です。社会福祉や公共投資に費やす金は微々《びび》たるものです。むしろ、これらの社会資本として、自分の名誉のためにする富裕者の寄付があてられていました。しかし、富裕者層が常にそれなりの収入を得て、寄付をしていればいいのですが、それがなくなると、インフラはどんどん老朽化が進み、補修ができなくなってしまったのです。

二つめは、奴隷制の問題です。奴隷が労働の大部分を負っていると、経済発展、技術革新をしていくことのインセンティブがなくなってしまいます。奴隷がなんでもやってくれるので、合理化しようとする発想が生まれてこないのです。

実は、蒸気機関の原理はヘレニズム時代（紀元前四〜同一世紀）にすでに知られていました。しかし、その応用化、実用化ができませんでした。せいぜい神殿の扉が自然に開くなど、神秘性を高める演出に使用される程度でした。技術革新ができなかった、象徴的な一例と言えます。

三つめは、気候変動です。四世紀後半から五世紀にかけて、地球は寒冷化していました。たとえば気温が二度下がると、現在のカナダでは、小麦はほとんど生産できなくなります。寒冷化は、農産物に多大な影響を与えるのです。

このように、社会インフラの老朽化、奴隷依存、気候変動による農業生産の減少によって、ローマ帝国の経済は衰退していったのです。

ローマ帝国の崩壊理由② 国内外の混乱――本村

次に、「国内外の混乱」です。

四世紀後半、ローマ帝国はゲルマン民族など異民族の侵入に苦しみます。実は、それ以前の共和政時代（紀元前五〜同一世紀）も、五賢帝時代（二世紀）も、異民族は隙《すき》を突いてローマに侵入していました。それは、武力による侵略というよりも、今ヨーロッパ諸国を悩ませている難民の流入に似ています。

異民族からすれば、ローマは豊かな国で差別もなく、信仰の自由も認められるなど寛容でしたから、そこを目指す人は多かったのです。問題は、一気に大量の侵入であったことと、それを国境で追い返すだけの力がローマになかったことです。

はっきりした記録は残されていませんが、その数は数十万人単位と推測されています。そのままにしておくと、混乱は辺境にとどまらず、帝国内に広がり、収拾がつかなくなります。侵入者を追い返すのに軍隊を使わざるを得なくなり、軍事費が増えていきました。

前項で述べたように、経済力が低下したので、それにともなって税収も低下しました。しかし、軍事費を削減するわけにはいきませんから、非常にアンバランスになりました。

軍隊内部でも、変化が起こっていました。

一九三年、皇帝に就いたセプティミウス・セウェルス帝は、軍隊の改革に着手します。皇帝を守る親衛隊はそれまでイタリア人のみで構成されていましたが、属州人によって再編されます。すでに辺境の軍隊では、異民族出身の士官や将軍が誕生しており、ローマ市民がローマを守る、という初期の慣習は崩壊していました。

さらに、軍務経験者が行政職に就くことが容易になり、行政機構が急速に軍事色を帯びていきます。それは、直線的に軍人皇帝（185～186ページ）へとつながり、混乱・混迷をきわめていくのです。

ローマ帝国の崩壊理由③ 文明の変質――本村

最後に挙げるのが、「文明の変質」です。

それは、キリスト教の拡大・台頭から始まりました。もともと、ローマ帝国を含む地中海世界は、複数の神々を崇《あが》める多神教でした。しかし、唯一絶対神を信仰するキリスト教徒は、自分たちの信じる神以外を信じてはいけないと主張し、キリスト教以外の世界を否定しました。ちなみに、同じ一神教であるユダヤ教徒は、他民族の信仰に干渉することはありませんでした。

ローマ帝国は、秩序を乱すものとしてキリスト教を何度も弾圧します。しかし、いくら弾圧をしても、キリスト教は拡大していきました。ローマ軍に入隊するキリスト教徒もいましたが、脱走する者が少なくありませんでした。ローマ軍では皇帝への礼拝が強要されますが、キリスト教以外の神を崇めることに、彼らは耐えられなかったのです。

一世紀から二〇〇年間、全人口の一パーセントにも満たなかったキリスト教徒は、三世紀になると数パーセントにまで急激に増えます。その勢力はもはや無視できなくなり、コンスタンティヌス帝は三一三年、ミラノ勅令によりついにキリスト教を公認します。三九二年、テオドシウス帝がキリスト教を国教化すると、五世紀には人口の三〇パーセントを占めるまでになりました。

ギボンは、ゲルマン民族南下の影響を受けてローマは衰退したと指摘していますが、それはあくまでも外的要因であると私は考えています。内的要因としてのキリスト教の台頭も加えるべきだと思います。

イタリアの歴史学者アルナルド・モミリアーノは、「それまでなら、ローマ帝国の中枢に行くべき連中が教会に行ったことが、ローマ衰退のひとつの原因だ」と述べています。本来は国家の中枢で能力を発揮すべき優秀な人材が、国家の発展に尽くすのではなく、宗教の発展に尽力したというわけです。

このようにして、地中海世界に広く見られた多神教思想にもとづくローマの文明は、キリスト教の一神教文明に取り込まれていきました。ローマ人の行動規範やモラルの変化、それは、文明の変質ととらえることができます。

ローマは、各地域の都市が有機体となって結ばれた帝国です。都市の市民はその地域の神々を崇めますから、国内には多様な価値観が充満します。しかし、キリスト教の拡大とともに、一様な価値観のもと、市民は帝国の公民となります。国や民族にとらわれない、コスモポリタンな人たちの出現です。すなわち、世界史にはじめて出現したグローバル化社会と言っていいでしょう。

四世紀、背教者とされたユリアヌス帝はキリスト教への優遇政策を廃止したり、キリスト教内部の抗争を誘導したりします。ユリアヌス帝のキリスト教排撃は、ローマの文明を復活させて、ローマ人やギリシア人の誇りや美徳を後世に伝えていきたいという思いからのものでした。

もし、カエサルが末期の帝国を見たなら、「これはローマではない」と慨嘆したかもしれません。それほど、ローマは変化していたのです。

「メイド・イン・ジャパン」の落日――本村

「経済力の低下」「国内外の混乱」「文明の変質」、この三つの視点で国力を検証していくと、日本が現在抱える課題も見えてきます。

歴史を振り返ると、「経済力の低下」で滅亡した国家があります。イタリアの地中海沿岸に七世紀末に誕生し、一七九七年にナポレオンに滅ぼされるまで、「アドリア海の女王」と称えられたヴェネツィア共和国です。国土はアドリア海沿岸のわずかな地域だけですが、海軍力を背景に地中海貿易を営《いとな》み、東地中海に多くの植民地を持ちました。

しかし、十五世紀末、ポルトガルの航海者ヴァスコ・ダ・ガマが、アフリカ南端の喜望《きぼう》峰《ほう》を回るインド航路を開拓すると、地中海貿易の重要性が低下。交易の中心が大西洋沿岸に移り、ヴェネツィア経済は弱体化します。さらに、オスマン帝国の侵攻で植民地が奪われていき、最盛期は終わりを告げます。

技術革新に対応できなかったことも、衰退の一因です。十六世紀になると、ポルトガルやオランダで、風上にさかのぼれる大型帆船の造船技術が開発されます。ヴェネツィアの商船は、国立造船所で建造されるガレー船（人力《じんりき》で櫂《かい》を漕《こ》いで進む。帆は補助程度）が主力でした。大型帆船は造船コストが高く、ヴェネツィア議会は造船の予算を抑えたため、船の数が減っていき、通商能力が弱体化していきました。

経済競争力の根源であり、国力に結びつく技術革新に関して、日本人が大事にしたいことがあります。それは、ソフィスティケート（洗練）する能力です。よく日本人は応用力が優れているが、創造力がないと言われます。しかし、日本が世界に誇る「ものづくり大国」になったのは、卓越したソフィスティケート能力があったからです。

実はローマ人も、オリジナリティに欠けていました。ローマの技術力はギリシア、エトルリアから継承したものです。エトルリアは紀元前八世紀からイタリア半島中部にあった都市国家群で、共和政ローマに従属するかたちで組み込まれ、消滅しました。円形闘技場や水道橋に用いられているアーチ工法を、最初につくったのはエトルリア人ですし、ローマの道路や水道はギリシアにあったものを真似ています。

しかし、ローマ人はただ真似るだけではなく、創意工夫を加えてオリジナルより優れたものをつくり出す能力に長《ちょう》じていました。有名なトレビの泉に流れる水は、初代皇帝アウグストゥスの時代に完成したヴィルゴ水道が運んでいます。二十一世紀の現在も、古代につくられた水道の多くは修復されながら、使用されているのです。

ソフィスティケートする能力とは、創意工夫して洗練したものをつくることです。それはデザイン的に優れたものをつくることではなく、品質の高いものをつくることです。

今、私が心配しているのは、日本の製造関連企業による不正会計や品質データ改竄《かいざん》です。品質を落としてでも利益を上げるというのであれば、世界から高品質として称えられた「メイド・イン・ジャパン」の落日です。それは日本人みずから、その美質である誠実さを放棄することであり、日本が日本でなくなってしまうことを意味しています。

二〇一七年十月に行なわれた技能五輪国際大会で、中国は金メダル一五個を獲得、参加五九カ国中第一位の成績を収めました。第二位は一一個のスイス、過去四大会連続一位だった韓国は八個で第三位、日本は三個で第九位でした。

これにかぎらず、製造分野での中国の躍進に、目を見張るものがあります。家電や情報通信機器の分野の世界シェアは、多くは中国が首位を占めます。日本はもはや、ものづくり大国などと言っていられません。しかし、質において優れたものを作るという誠実さは失ってはならないものだと思います。

ロンドンで見た、日本の衰退――本村

ロンドンやパリの街を歩いていると、中国人の多さに圧倒されます。三〇年前、東洋人では圧倒的に日本人が多かったことを考えれば、隔世《かくせい》の感があります。大英博物館では、これまで英語、フランス語、ドイツ語とともに掲示されていた日本語の案内板が、中国語に取って代わられつつあります。

こうした状況を見るにつけ、日本の国力が弱くなっていることを感じます。やはり、「経済力の低下」は大きいと思います。二〇一〇年、日本は長らく維持していたGDPで第二位の地位を、中国に明け渡しました。以降も、その差は開くばかりです。

いや、国民ひとりあたりのGDPは、中国は日本の五分の一程度にすぎない、との反論もあります。しかし、人口の絶対数の違いは、「爆買《ばくが》い」など購買力だけを見ても圧倒的で、日本の衰退感は否《いな》めません。

経済大国の滅亡の例にヴェネツィア共和国を取り上げましたが、日本の類似国家としてはイギリスも挙げられます。

イギリスと日本はユーラシア大陸の両側に位置する島国であり、地政学的な類似だけで

なく、ともに君主を戴《いただ》き、歴史や伝統を大切にするなど、国民気質も似ています。日本には、イギリスのジェントルマンとよく比較される、行動規範としての武士道もあります。イギリス人の控えめで穏やかな性質と、日本人のそれはよく似ていると思うのです。

そのイギリスは、大英帝国の絶頂期だったビクトリア朝（一八三七〜一九〇一年）から、国力が低下していきました。二十世紀になると経済覇権に揺らぎが見え始め、衰退の度を深めていきます。第二次世界大戦以降はアメリカ、ドイツ、日本に凌駕《りょうが》されました。

衰退の理由として、二度にわたる世界大戦の莫大な軍事費、福祉社会を維持するための高コスト、重化学工業への転換の遅れ、人口減少などが指摘されています。

イギリスは、今やワン・オブ・ゼムの小さな国です。それでも、イギリス人は悠然としています。「こんなものだ」と、とらえているのかもしれませんが、同じ「こんなものだ」でも萎縮する日本人とは違います。私自身、ロンドンの街で「かつては日本人ばかりだったのに」と嘆くのではなく、「こうして、日本人もひとりは来ているんだ」と意識を変えたいと思っています。

国民の生命力——御厨

なるほど、ローマ帝国の崩壊理由における三つの視点は、的《まと》を射《い》た考察です。「国内外の混乱」で指摘された、税収の低下と膨張する防衛費のアンバランスの問題は、今の日本にもあてはまります。

経済成長による税収増はアベノミクスの柱ですが、二〇一六年度の一般会計決算概要によれば、七年ぶりの前年比減となっています。いっぽう、防衛費は二〇一二年十二月に発足した第二次安倍政権以降、上がり続けています。核やミサイルの開発を進めてきた北朝鮮、海洋進出を進める中国の存在が、その背景にあります。

異民族の侵入の問題は、移民政策ということになるのでしょう。

日本は積極的な移民政策を取っていません。安倍首相はかつて、「移民はまったく念頭にない」と発言しました。しかし、人口減とそれにともなう労働力不足は、深刻化していきます。移民問題は日本人の行動規範やモラルの変容にもつながり、どう対応していくのかが大きな課題となるでしょう。

日本人は、唯一無二の国家の混乱を乗り越えてきた経験を持ちます。一九四五年八月十五日、日本はまちがいなく崩壊したかのようでした。しかし、すぐさま立ち直ります。第一章で触れたように、東大の矢部教授は敗戦二カ月後にもかかわらず、日本人の精力のたくましさに驚き、日本の滅亡はないと確信しています。これは「国民の生命力」と言ったほうが適切かもしれませんが、私はこのたくましさも国力の要素だと思います。

ポツダム宣言受諾が決まった瞬間から、軍部と官僚は戦犯としての責任を問われることを恐れ、公文書を焼却してしまいます。その是非はともかく、これは生き延びていくことを前提にしているからこその行為です。日本が滅びることを受け入れていたならば、公文書を焼く必要はありません。

日本の占領期を担った吉田茂は、「戦争で負けて外交に勝った歴史がある」と言っています。また、著書のなかで「私は戦争が終わって一ヵ月後、外務大臣に任命されたとき、戦争が終わったとき総理大臣であった鈴木貫太郎《すずきかんたろう》氏に会った。そのとき鈴木氏は、『戦争は勝ちっぷりもよくなくてはいけないが、負けっぷりもよくないといけない。鯉《こい》は俎板《まないた》の上に載せられてからは、庖丁《ほうちょう》をあてられてもびくともしない。あの調子で負けっぷりをよくやってもらいたい』と言われた。この鈴木氏の言葉は、その後私が占領軍と交渉をするにあたって私を導く原則となった」と述べています。（吉田茂著『激動の百年史』）

いっぽう重光葵は、アメリカ追随政策を取る吉田と、マッカーサーを礼賛《らいさん》する日本人を、「占領軍にこびへつらう輩《やから》」と批判。日記に「結局、日本民族とは自分の信念を持たず、強者に追随して自己保身をはかろうとする三等、四等民族に堕落してしまったのではないか」と書き残します。しかし、たくましさとはこういうものだと、私は思うのです。

少子化国家に繁栄はない——本村

いっこうに対策が見出せない少子化問題。このことも「国内外の混乱」の一因になると、私は見ています。

年間出生数が二年連続（二〇一六・二〇一七年）で九〇万人台と、一〇〇万人を割っています。日本人の出生数の最多は、一九四九年の約二七〇万人でした。いわゆる「団塊《だんかい》の世代」です。出生数が死亡数を下回る自然減も一一年続いています。日本は縮小しているのです。

少子化は経済力の低下や社会制度の破綻など、あらゆる面で国力の衰退を招きます。自衛隊、警察、消防などで人材不足になれば、国防や治安に不安を抱えることになります。

また、少子化による人口減は、自治体の存続をも脅《おびや》かします。二〇一四年に民間の政策提言組織・日本創成会議は、全国の市区町村の約半数に消滅の可能性がある、と指摘しています。それによると、これらの自治体は二〇一〇年から二〇四〇年までの間に、二〇～三九歳の女性人口が五割以下に減少すると推計されています。東京もその例外ではなく、豊島《としま》区が消滅可能性自治体として挙げられています。

今後は、出生数が減り続けることを前提とした、社会づくりをしていかなければならないでしょう。人口が減っても、一億人程度は確保するというかたちで進めていくことが肝要です。

さらに、少子化は、年金問題とリンクします。高齢者より若年層が少ない逆三角形型の日本の人口構成では、理論的に年金制度が破綻する可能性を否定できません。消費税率を多少高くしても、六〇歳になったら誰でも月に五～六万円は受給できる、いわゆるベーシックインカムの制度を設けたり、それ以上に欲しい人には別の制度を創設したりしないと、窮乏する高齢者は増加するばかりでしょう。社会の混乱は避けられません。

安倍政権の経済成長優先の考え方は修正するべきだと、私は考えています。彼は株式市場や景気指数ばかりを気にしているようですが、人間が安定して生きていくという意味では、社会情勢を含めた中長期的な経済政策を打ち出す必要があります。

古代ギリシア、ローマから現代までの歴史を見ると、出生数が少ない国家や民族に、繁栄はありませんでした。その逆の現象が、戦後の先進諸国に認められ、特に日本では顕著です。

歴史的に、新たな時代に突入したと言えなくもありませんが、次世代が生まれなければ社会は機能せず、国家が成り立たなくなります。安心して子育てができることは、何よりも大切な国策です。発想を変え、新しい視点で少子化、人口減少に耐えうる社会への転換を早急に図る必要があります。

高齢化は、日本が先進諸国の先頭を走ります。世界のお手本にならなければならないと、私は切に思います。

日本国憲法の改正――御厨

最後の検証は「文明の変質」ですが、ここでは日本人の行動規範、モラルの変容について考えてみましょう。

民主主義の導入という価値観の転換は、戦後の日本人の行動原理を変え、国力という意味においても大きく影響をおよぼしました。

与党・自民党では現在、日本国憲法の改正についての論議が盛んです（二〇一八年六月時点）。その焦点は、本村先生が言われた第九条第二項の問題です。もし第九条第二項に改正があれば、それは第二の日本人の価値観の転換をもたらすものとなる可能性があります。

それほど大変なことなのに、自民党の憲法論議はとうてい熟議がなされているとは言えません。憲法改正そのものが、目的化しているからです。憲法を改正しないこの国はおかしい、ということが前提になってしまっているのです。

憲法を変える場合、どの条項であれ、この国をどのような方向に導くのか、どのような国にすべきか、といった国家像についての議論が先でなければなりません。しかし、国家像についての議論は活発ではありません。

憲法は国の最高法規です。その改正は一般の法律を改正するのとは違います。言わば、射程距離がとてつもなく長いものなのです。改正したものの、具合が悪くなったからといってすぐに改正するようなものであってはなりません。憲法には、そのような深みがあるのです。

日本は明治このかた、みずから憲法に手をつけたことがありません。大日本帝国憲法は、「神聖ニシテ侵スベカラズ」であった明治天皇が定めて、国民に与えた「欽定憲法《きんてい》（君主によって制定された憲法。対して国民によって制定されたものが民定憲法《みんてい》）」です。

日本国憲法は「硬性憲法《こうせい》（改正に際し通常の法律より厳重な手続きを必要とする憲法。対して通常の法律と同じ手続きで改正できるものが軟性憲法《なんせい》）」であり、改正するには国民投票など高いハードルが設けられています。まるで、変えてはならないと言っているような仕組みです。それなのに、今の改正論議には、やったことのないことをやる、という認識が欠けています。

アメリカ、フランス、ドイツなどでは、時代の要請に即したかたちで憲法を改正しています。ドイツに至っては、約六〇回も変えています。日本人には、憲法は変えてダイナミックに使っていくものという発想がありません。やはり、「憲法はお上《かみ》からいただいたもの」という意識がどこかに潜んでいるのでしょう。

大日本帝国憲法はプロイセンの、日本国憲法はアメリカの占領軍のお仕着せです。日本人はそのお仕着せを拳拳服膺《けんけんふくよう》し、解釈改憲（憲法改正をせずに、各条項に対する解釈を変更することで憲法の意味・内容を変えること）でやっていくことに慣れてしまっています。

ですから、憲法を変えるということが、なかなか国民の意識にピンと来ないのです。憲法を変えてしまったら、この国が崩れていくのではないかと感じているのかもしれません。憲法に触《さわ》ると床柱《とこばしら》が崩れ、家そのものが壊れてしまうイメージを持っているのでしょう。

「第九条があるからこの国は平和だった」と言う人たちがいます。しかし、第九条のおかげで平和があるというのは、倒錯した議論です。平和が続いたのは、日本に戦争に巻き込まれる事態が起こらなかったからにすぎません。あくまで、結果論なのです。

「憲法九条にノーベル平和賞を」という運動もありました。しかし、憲法は将来にわたって国民の行動に箍《たが》を嵌《は》めるものであって、なんらかの価値観を謳《うた》うものではありません。ましてや、理想的な価値観を謳うものであるとは、けっして思いません。もっとも民主的な憲法と言われたワイマール憲法は、そこを付け込まれてナチスの台頭を許したのです。

結局、憲法改正問題は煮詰《につ》まらないだろうと、私は見ています。もし国民投票まで進んでも、「本当に変えていいのか」などと不安を煽《あお》るネガティブ・キャンペーンを張られたら、日本人の性質からして、やはり変えないほうがいいのではないかと思うでしょう。

また、変えれば必ず衝突や摩擦が起きます。そうなるのが嫌だと思ったら、変えないでおこうとなるはずです。

もし、国民投票まで進んだうえで否決されたら、徒労感だけが残ります。国民も政治家も、二度と憲法改正問題に手をつけようとは思わないでしょう。

今日の正義か、明日の正義か——本村

私は中学生の時に日本国憲法を読み、第九条第二項（195ページ）にびっくりしました。自衛権、つまり正当防衛権が否定されているのですから。私は、大学の講義で第九条につ

いて尋ねたことがあります。すると、驚いたことに、第九条に第二項があることを知らない学生がとても多かった。大多数は、第九条は戦争放棄のみと思っていたのです。

　彼らと話している時、つくづく思うことがあります。それは、自衛権を否定する「第九条第二項」を国民投票にかけることです。日本国憲法は制定後三世代を経ており、改めてその意義を問うてもよいのではないでしょうか。

「第二項削除」の否決を懸念《けねん》する声もありますが、その時は「自衛権を認めずにやってい く」覚悟ができるわけですから、国を守る新たな責任感や気概が生まれるのではないでしょうか。もちろん、楽観論とばかり言えないと思いますが。

　自民党は、自衛隊を「自衛軍」「国防軍」にすると表明したことがあります。しかし、戦後の反戦平和思想の定着を考えれば、軍隊の明示や名称よりも、第二項を削除するだけで十分なようにも思えます。自衛権、正当防衛権は自然法の一種であり、あえて述べる必要がありません。それをいじろうとするから、なかなか決まらないのです。

　歴史を俯瞰《ふかん》すれば、非武装中立は不可能です。現実的に、日本は世界有数の軍隊である自衛隊を保持しています。自衛隊を憲法に抵触させないためにも、第二項だけをはずすのが先決でしょう。日米同盟を緊密にしていくための現実的な選択だと思います。

御厨先生が言われているように、護憲派の人たちは「日本は長い間、事《こと》なきを得てきたのだから、憲法を改正する必要はない」と主張します。私には、彼らが理想主義的に見えますし、彼らが「今の自分に正義がある」と思っているように感じられます。

私はどちらかというと現実主義者であり、将来に正義があると考えています。理想主義と現実主義の対立は、幕末の攘夷論と開国論の構図に似ています。正しいと思われていた攘夷論は、歴史を振り返れば誤りであったことは明白です。護憲思想も、そうなるかもしれません。

政治家の質を変える、ネット選挙――御厨

五五年体制のもとで自民党支配が続いた昭和（戦後）とは異なり、平成では四度の政権交代がありました（一九九三年の宮澤内閣→細川内閣、一九九四年の羽田内閣→村山内閣、二〇〇九年の麻生内閣→鳩山由紀夫《はとやまゆきお》内閣、二〇一二年の野田内閣→安倍内閣）。一九九四年には、ポピュリストを生みやすい小選挙区制へと、選挙制度が変わりました。その意味で、「政

治の質」が大きく変容した時代です。

平成という時代は「停滞の時代」、あるいは「失われた二〇年」とネガティブな言葉で形容されてきました。それは経済力の低下だけの問題ではなく、政治の劣化《れっか》に負うところも大きいと思います。実際、平成三〇年間で一六人の首相が誕生しましたが、そのほとんどが二年に満たない短命政権です。

二〇一三年、インターネットを利用して選挙運動をする、いわゆるネット選挙が解禁。二〇一六年には、選挙権の年齢が二〇歳から一八歳に下がりました。最近では、投票率を上げるためにも、ネット投票を実施するべきだとの声も上がっています。

もしネット投票だけでなく、ネット立候補も認められたら、現行の選挙システムを壊してしまうでしょう。

今の立候補システムは、候補者が有権者の前に出て「われこそは」と名乗りを上げ、政策だけではなく人柄、生き方まで見てもらうものです。候補者の背後にあるこれらは、同じ空気のなかでとらえた皮膚感覚でなければ、理解できるものではありません。しかしネット立候補では、ネットに写真だけ上げて家で寝転がっていても、候補者は候補者です。

とにかく名前を広く知らせればいいのですから、選挙に出る意味が変わってしまいます。また、身過《みす》ぎ世過《よす》ぎの政治家をつくりかねません。ネット立候補は金もかからず、誰でも簡単に出られます。「失業したから、選挙に出てみるか」「当選したら、四年間くらいは食っていける」などの動機で立候補する人も出てくるかもしれません。そうすると、政治の質どころか、「政治家の質」まで変えてしまうでしょう。

政治の私物化――本村

ネット選挙は、確かに政治参加という面では民主的かもしれませんが、選挙に出る人や政治家の質をどんどん変えていくと思います。

ギリシアは民主主義を実現していく時、行政官や裁判官などの公職者をくじ引きで選出していました。それと似たようなことが、ネット選挙で起こるかもしれません。また、デマゴーゴス（扇動政治家、60ページ）が出現するかもしれません。プラトンやアリストテレスが民主主義に期待をしなかったのは、デマゴーゴスの出現に、その理由があります。世襲議員が多くなっていることも、政治の質が変わってきている要因だと思います。なぜ、世襲が多くなったのか。これは、第二章で述べた、後援者・支持者に貴種に対する心理が潜んでいるからでしょう。

既得権化した地盤を持つ議員が引退すると、後継として経験、能力ともに未知数にもかかわらず、彼らの息子や娘が立つ例が常識になっています。引退議員の秘書や後援者などのなかには、有能な人物がいるはずです。それでも、彼らが後継者に指名されないのは、仲間割れのみならず、彼らの共通財産でもある地盤を、仲間だった者に独占されることが我慢ならないからです。イギリスのような厳しい審査を経ていない世襲議員の横行が、わが国の政治の劣化の一因になっていることは否《いな》めません。

もうひとつ、日本の政治で気にかかることがあります。首相あるいは官邸主導となり、政治の私物化が進んでいるように見えることです。実際、二度目の政権となった安倍首相は、自分の力が強くなったと思っているかもしれませんが、そこに、ギリシア悲劇が絶えず警告してきた「ヒュブリス（傲慢《ごうまん》）」の危険性があるように思います。

国家の成り立つ要素は、ここまで論考してきたように、外交と国防といった安全保障、そして国内の安定した秩序であることは明らかです。しかし、これらについての政治課題は混迷をきわめたままで、最適な答えを見つけることができません。「政治の質」だけではなく、今こそ「政府の能力」が問われている時だと、私は思うのです。

これまでの常識が通用しない——御厨

安倍内閣の支持率にも、変化が見られます。

読売新聞が二〇一八年三月三十一日〜四月一日に行なった全国世論調査によれば、一八〜三九歳が四九パーセント（一八〜二九歳にかぎれば約五割）、四〇〜五九歳では四一パーセント、六〇歳以上では三八パーセントが支持しています。二月十〜十一日調査では、おのおの六六パーセント（一八〜二九歳にかぎれば約七割）、五四パーセント、四六パーセントでしたから、すべての世代で下落しています。

しかし、ここで重要なのは、若者世代の支持率の高さです。彼らは、安倍首相が掲げる「歴史認識」「靖国参拝」「集団的自衛権」の三点セットを支持していると思われます。

野党もマスメディアも、太平洋戦争に至る一九三〇年代を軍国主義と位置づけ、それをモデルとして現代を読み解きます。しかし、「いつか来た道」として、そのモデルを持ち出す議論が、若者世代に効《き》かなくなってきたのではないか。一九三〇年代を持ち出したとたん、今の日本についての建設的な議論が、かえって封じ込められてしまうように感じるのです。

自民党への支持も、五十代よりも二十代のほうが上回っており、「これまでになかった現象」（「産経新聞」二〇一七年一月二十四日）です。かつて、若者は現状打破を訴える革新政党を選び、中高年は現状維持の保守政党を支持していました。それが、逆転しているわけです。

二十代の若者にとって、小泉純一郎首相の誕生は三～一二歳の頃で、熱狂的な小泉人気が、彼らの政治に対する記憶の原点です。逆に、民主党政権の失敗は、悪い記憶として刻《きざ》み込まれています。これでは、自民党支持に回るのは当然かもしれません。

自民党支持の若者に共通する特徴として、将来に不安はあるものの現状に満足していることが指摘されています。その背景に、売り手市場にある雇用状況があります。つまり、アベノミクス効果を肯定しています。彼らは、華《はな》やかなりしバブル期も知りません。リーマン・ショック後の不況とともに育ったのですから、安倍政権で好転した失業率や内定率を好感しているのかもしれません。

五五年体制時代、自民党支持が減少しても、その分は野党に回らず「支持政党なし」が増えていきました。二〇〇〇年代になって民主党に勢いが出てくると、自民党支持が減れば、民主党支持が増えるというわかりやすい構図がありました。

ところが、近年は自民党支持が減っても野党支持は増えずに、「支持政党なし」が増加するという五五年体制時の状況に戻っています。

日本は崩壊するか——御厨

ここまで、「日本の崩壊」として、日本が今後も国民に対して安全・安心を保障する国家であり続けられるか、また本村先生ご指摘のように、国際社会でワン・オブ・ゼムの一小国になってしまうのか、を考察・検証してきました。

国家の崩壊に、定義があるわけではありません。一般的には、領土支配の喪失、統治の不能、外交断絶などの状態を指します。また、経済の行き詰まり、電気・水道・医療など公益事業の供給不能によって国家の機能が低下し、国民生活に深刻な影響を与える国家は

「崩壊国家」と呼ばれます。

第二次世界大戦後では、南ベトナム、ソビエト連邦、東欧諸国は、政体が変わったことで解体・消滅しました。

日本は、太平洋戦争と原発事故をともなう東日本大震災で、国家崩壊の危機を経験しました。大震災の復興は道半ばですが、日本人の回復力には目を見張るべきものがあります。そのことを考えると、私はこの国は崩壊には至らないと思っています。しかし、緩慢《かんまん》なる衰退は否めません。たとえるなら、生活習慣病に冒《おか》された体です。合併症を起こさないかぎり、生活習慣病だけでは死には至らないのです。

最後にあたり、これからの日本が取るべき道を述べたいと思います。

日本に国力浮揚の兆しがいっこうに見えないのは、将来構想を示さない政治、国家観を持たない政治家に最大の原因があります。

私は二〇一一年、民主党政権が立ち上げた「東日本大震災復興構想会議」で議長代理を務め、過疎問題を抱えている東北には創造的復興が必要、と提言しました。ところが、被災地各地から出てきた復興計画は、過疎化が進んでいるにもかかわらず、人口が増える前提に立ったものが少なくありませんでした。

市長や町長たちは、縮小モデルでは選挙を戦えないために、「明るい未来」を描いてきたのです。自民党政権になってからは土木事業に金がバンバン出るようになって、一部の被災地ではつくりすぎの状況もあります。将来構想が欠如した政策の一例です。

本村先生は、安倍首相の経済優先の考え方に異議を唱えられました。私も同感です。国民は、ただ金だけを目的に生きているのではありません。

たとえば、消費増税です。不況だからと、増税時期をただ引き延ばすのではなく、目指すべき国家像を示したうえで、引き延ばしの理解を求めるべきでしょう。逆に、増税実施なら、「われわれもがんばるが、国民も覚悟してほしい。数年先には景気は回復するから安心してくれ」と、その道筋を明確に示す必要があります。

政治家が国家観、将来構想を持ちながら、現実的手立てを駆使するには、みずからの精神の改革がなければ、実現できるものではありません。政治家にかぎらず、国家経営に携わる者は「公《おおやけ》に尽くす」「公に奉《ほう》ずる」精神の涵養《かんよう》を、私は強く強く願いたい。

日本が取るべき道――本村

　これからの日本は、日本人の民度に見合った理念を持つべきではないでしょうか。

　フランス革命で掲げられた理念は、「自由・平等・博愛」でした。自由主義経済はさまざまな問題を抱えているものの、それなりに成功しています。対して、平等を基本理念とした社会主義経済は崩壊しました。だからといって、平等の理念まで捨ててはいけないと思います。

　私が期待するのは「自由を基調にした社会主義」です。貧富の差が生まれても、博愛主義やボランティア精神が救いになります。日本社会に根差す平等意識には、そのような期待を持たせるものがあります。

　この「自由を基調にした社会主義」について、私がある講演で述べたところ、九〇歳くらいと思《おぼ》しき男性が「上田さんも同じことを言っていました」と話してくれました。「上田さん」とは元共産党副委員長の上田耕一郎《うえだこういちろう》であり、東大法学部の同級生だそうです。彼は早くから、社会主義国家の限界に気づいていたのかもしれません。

　戦後の日本にとって不幸だったのは、社会主義＝ソ連だったことです。独裁者スターリンの影がちらつき、社会主義には重苦しいイメージがまとわりついていました。そして、日本が高度経済成長の頃、ソ連経済がうまくいっていないとわかり、早急に失敗したと断《だん》を下してしまったのです。

今の日本は、少子・高齢社会における福祉のかたちを早く見つけなければなりません。改めて、社会主義の理念を考え直す必要があると思うのです。

余談をひとつ。知人が「ソ連や東欧で行なった社会主義は失敗したが、キューバはまだ続いているし、最近はアメリカとの関係もよくなってきた。社会主義は暖かい国で行なえば成功するのでは」と言っていました。確かに、寒いところではイメージが暗くなりがちです。開放的というのは、社会主義成立の条件になるかもしれません。

さきほども述べましたが、私は日本企業のモラル低下を憂《うれ》えています。ごまかしを潔《いさぎよ》しとせず、より質の高いものを作るという精神が失われつつあるのではないかということです。しかし、東日本大震災後の助け合いに、日本人も捨てたものではないと思ったのも事実です。このような日本人のモラルや民度の高さは、世界に誇れる財産であり、世界もそれを認めています。民度の高い国民のいる国は、簡単には崩壊はしません。それは歴史を見れば明らかです。

日本人のモラルの高さは、今に始まった話ではありません。明治はじめに来日したイタリア人彫刻家ラグーザが、日本人の誠実さに驚いたエピソードを残しています。

彼は、魚屋ではじめて見る魚を買おうとしましたが、店主は「一両《りょう》出されても売らない」と断《こと》わります。その魚はフグでした。何も知らない人間に売ればどのようなことが起こるか、店主には容易に想像がついたのです。さらに、彼は紛失した財布が戻ってきた体験をして、「イタリアでは考えられない」と驚いています。

ローマ人は「父祖の遺風《いふう》（モス・マイオルム）」を大切にしました。それは父親、祖父、曽祖父、高祖父の立派な行ないを名誉として重んじるとともに、自分もその名誉に恥じないように生きることです。ローマ人は「父祖の遺風」を子どもの頃から繰り返し学び、美徳を磨きました。

さきほど、日本の政治の劣化の一因として世襲議員の増加を挙げました。しかし、ローマの元老院も、何世代も続く世襲議員たちで構成されていました。それが政治および政治家の質の低下に結びつかなかったのは、「父祖の遺風」を受け継ぐように厳しく育てるシステムがあったからです。これも、歴史の教訓として知っておくべきでしょう。

ローマ人の父祖の遺風は、日本人の武士道と重なるところがあります。ともに「より誠実でありたい」という意識を養《やしな》うからです。ローマ人は『三国志』や『水滸伝《すいこでん》』(施耐庵、羅貫中著と言われる)に出てくるような奸計は不得手《ふえて》でした。どちらかというと正攻法で戦争をしたり、他国と交渉したりしました。

キケロは「ローマは父祖の遺風と、それによって育《はぐく》まれた人間によって成り立っているのだ」と言っています。

世界一の借金大国、世界の先頭を走る高齢化問題など、まさに日本は課題先進国です。ヘーゲルは「人間は歴史から何も学んでいない。歴史の教訓として言えるのは、われわれは何も学んでいないということだ」と語っています。この言葉を噛《か》みしめ、今突きつけられている諸課題から逃げることなく、正面から立ち向かうことこそ、日本が、日本人が取るべき道と考えます。

おわりに——滅びた国々に思いを馳《は》せて

本村凌二

紀元前一四六年、ローマ軍を率いた執政官スキピオの前で、カルタゴの市街地が燃えさかっていました。建国七〇〇年に至る海洋大国カルタゴは、ローマを悩ませた最大のライバルです。それが、今まさに燃え尽きようとしている。その光景を目にしながら、スキピオは涙が止まりませんでした。そして涙をぬぐうことなく、呆然《ぼうぜん》とたたずんでいました。そんなスキピオの耳に、ギリシアの詩聖ホメロスの悲歌《ひか》が聴《き》こえてきます。

「いずれ、必ずやその日はやって来る。われらの聖なるイリオスも、国王プリアモスも、国民も、すべてが滅び去る日が訪れるのだ」

イリオスの別名はトロイヤであり、トロイヤは一〇〇〇年以上前に滅亡した大国です。伝説によれば、トロイヤの落人《おちうど》アエネアスの末裔《まつえい》がローマを建国したとされています。この詩句は、トロイヤ滅亡を予見した者が漏《も》らした悲嘆なのです。

往古を振り返れば、トロイヤ王国、華麗なるペルシア帝国、偉大なるアレクサンドロス大王の大帝国のいずれもが、地上から姿を消しています。スキピオは目をつぶると、こう考えるのです。わが祖国ローマも同じ運命が待ち受けているかもしれない、と。

祖国は強敵カルタゴを壊滅させたばかりであり、地中海世界に並ぶものなき大帝国となった瞬間です。本来なら有頂天《うちょうてん》になり、わが世の春を謳歌してもいい場面です。しかし、スキピオはあまりにも冷静沈着であり、あまりにも情感豊かでした。カルタゴが燃え落ちていく光景に涙せずにはいられず、祖国のまばゆい栄華の彼方に見え隠れする、落日の命運を想像したのです。

この六〇〇年後、ローマ帝国（西ローマ帝国）は滅亡しました。そこには、スキピオが予見したような、劇的な情景はありませんでした。四七六年夏、ゲルマン人の傭兵《ようへい》隊長オドアケルの率いる反乱軍は、一六歳の皇帝ロムルスに退位を迫ります。帝位を辞したロムルスはナポリ湾に引きこもり、隠遁《いんとん》生活を送りましたが、いずれの日に亡くなったかさえ記録されていません。ひそやかで音もない幕切れでした。

このように、ローマ帝国の滅亡はトロイヤ落城、ペルシア帝国のペルセポリス炎上、カルタゴ壊滅、ビザンツ帝国（東ローマ帝国）のコンスタンティノープル陥落にあるような派手さはまったくありません。しかし、だからこそ、国家の崩壊が起こる因果の生態を、多種多様な角度から見つめ直すことができるかもしれません。少なくとも、ローマ帝国の衰退は国家崩壊をめぐる議論を深めるうえで重要なモデルのひとつです。

本書は、今われわれが生きているこの国が崩壊の危機に直面しているかどうか、を論じたものです。対談という形式を取っていますが、テーマからして当然ながら、日本政治史の碩学《せきがく》・御厨先生が第一ヴァイオリンの奏者であり、本村は第二ヴァイオリンを担当しました。御厨先生の奏《かな》でる堂々たる主旋律に耳を傾《かたむ》けながら、そのメロディラインにふさわしい和音を合わせるのが、本村の責務でした。対談を終えてみて、安堵《あんど》感もさることながら、両者の演奏はよく響《ひび》き合っていたように思います。

前近代史の研究に、「プロソポグラフィ」と呼ばれる人物調査学があります。重要人物の家族・親族、経歴と業績、人間関係などについて事細《ことこま》かに詮索するものですが、現存史料が限られているために、なかなか思うように調査ができません。しかし、御厨先生の話は具体的で微細をきわめ、まさしくプロソポグラフィの理想型です。

その内容も、明治以降の詳細な実証研究を踏まえて、現代のオーラル・ヒストリーによる研究実績が加わるのですから、おもしろくないわけがありません。自民党総裁選で札束が飛びかった場面、田中角栄の人心掌握術、村山内閣成立の背後における竹下派の暗躍などを知るにつれ、このレベルでカエサルが生きた紀元前一世紀を再現できれば、と想像が膨《ふく》らむばかりです。

最後に「日本の崩壊」に思いをめぐらす時、気になるのは戦後における日本人の責任感、あるいは気概の喪失です。その原因のひとつに、本文でも触れた「憲法第九条第二項」問題があるように思えてなりません。すなわち、国防についての意識がきわめて曖昧《あいまい》になっているのです。

自分は何を守りたいのか、この国をどうしたいのか――。これを政府や政治家に〝丸投げ〟することなく、みずから考えることが、私たち一人ひとりに求められています。スキピオのように冷静に、この国の未来に想像を馳せる感性を持ちたいものです。

二〇一八年六月

切りとり線

★読者のみなさまにお願い

この本をお読みになって、どんな感想をお持ちでしょうか。祥伝社のホームページから書評をお送りいただけたら、ありがたく存じます。今後の企画の参考にさせていただきます。また、次ページの原稿用紙を切り取り、左記まで郵送していただいても結構です。

お寄せいただいた書評は、ご了解のうえ新聞・雑誌などを通じて紹介させていただくこともあります。採用の場合は、特製図書カードを差しあげます。

なお、ご記入いただいたお名前、ご住所、ご連絡先等は、書評紹介の事前了解、謝礼のお届け以外の目的で利用することはありません。また、それらの情報を6カ月を越えて保管することもありません。

〒101-8701（お手紙は郵便番号だけで届きます）
祥伝社新書編集部
電話03（3265）2310
祥伝社ホームページ　http://www.shodensha.co.jp/bookreview/

★本書の購買動機（新聞名か雑誌名、あるいは○をつけてください）

＿＿＿新聞の広告を見て	＿＿＿誌の広告を見て	＿＿＿新聞の書評を見て	＿＿＿誌の書評を見て	書店で見かけて	知人のすすめで

★100字書評……日本の崩壊

名前

住所

年齢

職業

御厨 貴　みくりや・たかし

東京大学名誉教授、東京大学先端科学技術研究センター客員教授、博士(学術)。1951年生まれ。東京大学法学部卒業、ハーバード大学客員研究員などを経て現職。専門は政治史、オーラル・ヒストリー。『政策の総合と権力』でサントリー学芸賞、『馬場恒吾の面目』で吉野作造賞を受賞。2018年紫綬褒章を受章。

本村凌二　もとむら・りょうじ

東京大学名誉教授、博士(文学)。1947年生まれ。一橋大学社会学部卒業、東京大学大学院人文科学研究科博士課程単位取得退学。専門は古代ローマ史。『薄闇のローマ世界』でサントリー学芸賞、『馬の世界史』でＪＲＡ賞馬事文化賞、一連の業績にて地中海学会賞を受賞。著書に『ローマ帝国 人物列伝』など。

日本《にほん》の崩壊《ほうかい》

御厨《みくりや》 貴《たかし》　本村《もとむら》凌二《りようじ》

2018年 7 月10日　初版第 1 刷発行

発行者……………………辻 浩明

発行所……………………祥伝社しょうでんしゃ

〒101-8701　東京都千代田区神田神保町3-3

電話　03(3265)2081(販売部)

電話　03(3265)2310(編集部)

電話　03(3265)3622(業務部)

ホームページ　http://www.shodensha.co.jp/

装丁者……………………盛川和洋

印刷所……………………萩原印刷

製本所……………………ナショナル製本

Printed in Japan ISBN978-4-396-11541-8 C0231

〈祥伝社新書〉
歴史に学ぶ

366
はじめて読む人のローマ史1200年
建国から西ローマ帝国の滅亡まで、この1冊でわかる！
早稲田大学特任教授 本村凌二

463
ローマ帝国 人物列伝
賢帝、愚帝、医学者、宗教家など32人の生涯でたどるローマ史1200年
本村凌二

168
ドイツ参謀本部 その栄光と終焉
組織とリーダーを考える名著。「史上最強」の組織はいかにして作られ、消滅したか
上智大学名誉教授 渡部昇一

361
国家とエネルギーと戦争
日本はふたたび道を誤るのか。深い洞察から書かれた、警世の書
渡部昇一

379
国家の盛衰 3000年の歴史に学ぶ
覇権国家の興隆と衰退から、国家が生き残るための教訓を導き出す！
渡部昇一
本村凌二

〈祥伝社新書〉
歴史に学ぶ

472
帝国議会と日本人
なぜ、戦争を止められなかったのか
帝国議会議事録から歴史的事件・事象を抽出し、分析。戦前と戦後の奇妙な一致！
歴史研究家 小島英俊

448
東京大学第二工学部
なぜ、9年間で消えたのか
「戦犯学部」と呼ばれながらも、多くの経営者を輩出した〝幻の学部〟の実態
ノンフィクション作家 中野 明

392
海戦史に学ぶ
名著復刊！ 幕末から太平洋戦争までの日本の海戦などから、歴史の教訓を得る
元・防衛大学校教授 野村 實《みのる》

460
石原莞爾の世界戦略構想
希代の戦略家であり昭和陸軍の最重要人物、その思想と行動を徹底分析する
日本福祉大学教授 川田 稔

351
英国人記者が見た 連合国戦勝史観の虚妄
滞日50年のジャーナリストは、なぜ歴史観を変えたのか。画期的な戦後論の誕生！
ジャーナリスト ヘンリー・S・ストークス